Margot Käßmann

Gut zu leben

Das Buch

Mitten im Leben – ist man sich manchmal gar nicht so sicher, ob es auch gut so ist. Schnell wird der Alltag zur Routine – gleichförmig und belanglos oder auch zu voll und hektisch. Mitten im Leben, mitten im Alltag muss einem manchmal gesagt werden: Es ist gut zu leben. Da hilft es, wenn von dem die Rede ist, was unter der Oberfläche ist und was trägt, was Energie gibt, Lebendigkeit und inneres Gleichgewicht. Margot Käßmann hat Gedanken für jeden Tag des Jahres zusammengestellt. Sie sind geschrieben mitten aus dem Leben heraus und mit der spirituellen Kraft, die das Leben trägt.

Die Autorin

Dr. Margot Käßmann, Theologin und Pfarrerin, 1994 bis 1999 Generalsekretärin des Deutschen Evangelischen Kirchentags, 1999 bis 2010 Bischöfin der Evangelisch-Lutherischen Landeskirche Hannover, 2009/2010 Vorsitzende des Rates der Evangelischen Kirche in Deutschland (EKD). Mutter von vier erwachsenen Töchtern.

Margot Käßmann

Gut zu leben

Gedanken für jeden Tag

HERDER

FREIBURG · BASEL · WIEN

HERDER spektrum Band 6394

MIX
Papier aus verantwortungsvollen Quellen
FSC® C106847
FSC
www.fsc.org

Titel der Originalausgabe:
Gut zu leben. Gedanken für jeden Tag
Herder spektrum Taschenbuch Band 5552

ISBN 978-3-451-05552-2

Überarbeitete Neuausgabe
Redaktion: Gabriele Hartlieb

www.herder.de

Umschlagkonzeption und -gestaltung:
Agentur R·M·E Roland Eschlbeck
Umschlagmotiv: © Ute Wunsch

Satz: Barbara Herrmann, Freiburg
Herstellung: fgb · freiburger graphische betriebe
www.fgb.de

Printed in Germany

ISBN 978-3-451-06394-7

INHALT

Einladung

Wann waren Sie das letzte Mal glücklich? Richtig glücklich, selig, mit diesem warmen Gefühl: Es ist wunderbar jetzt, dieser Augenblick, diese Situation; ich bin mit meinem Leben, meinen Lieben, meinem Glauben in absolutem Einklang. Es geht ja nicht um unablässiges Lächeln, sondern um ein Leben in Fülle. Ein Leben, in dem ich auch meine Schwächen, meine Ängste, mein Versagen integrieren kann und trotzdem nicht meine, ich sei gescheitert. Ein Leben, das hinsehen kann auf die Herausforderungen unserer Zeit, die Zerstörung, die Gewalt, das Leid und dennoch nicht sagt, dies sei keine Welt, in die Kinder geboren werden sollten.

Manchmal sind wir uns gar nicht so sicher, mitten im Leben, ob es auch gut so ist. Schnell wird der Alltag zur Routine – gleichförmig und belanglos oder auch zu voll und hektisch. Aber dann gibt es auch Tage, da entsteht das tiefe innere Gefühl einer Balance. Zumindest für den Moment ist alles gut und im Einklang. Solche Situationen sind rar im Leben. Allzu oft rennen wir an diesem Gefühl vorbei, uns fehlt die Zeit, es wahrzunehmen. Aber wenn sie dann da ist, die große Liebe, der besondere Moment, der Durchbruch oder Erfolg, auf den wir gehofft haben, wenn unser Engagement Früchte bringt, dann scheint es, als stehe die Welt einen Augenblick lang still. Und dann sind wir glücklich. Tiefe Momente im Leben sind das, die wir selten vergessen.

Mitten im Leben, mitten im Alltag müssen wir manchmal daran erinnert werden, was uns trägt und lebendig macht. Dazu möchte das vorliegende Buch beitragen: Für jeden Tag des Jahres sind Gedanken versammelt aus Texten, die über einen längeren Zeitraum entstanden sind. Jeder Text möchte Ihnen auf seine Weise Mut machen und sagen: Es ist gut zu leben!

Ihre Margot Käßmann

JANUAR

1. JANUAR

Jedem Anfang wohnt ein Zauber inne, wie *Hermann Hesse* schrieb. Auch einem neuen Jahr! Was war, was kommt? Wohin will ich? Was erhoffe ich mir? Gut, an diesem Tag innezuhalten. Mir selbst vielleicht einen Brief zu schreiben mit Hoffnungen und Befürchtungen – den ich dann am 31.12. öffne, um nachzusehen, was geplant war und was geworden ist.

2. JANUAR

Ich spüre eine große Liebe zum Leben und empfinde das als ein Geschenk Gottes. Mir ist bewusst, wie viele Menschen das Leben so viel mehr Kraft kostet als mich, etwa weil es für sie aufgrund einer Behinderung schwer ist, aufzustehen, sich anzuziehen, sich zu bewegen. Aber ich habe gerade von solchen Menschen gelernt, wie wertvoll das Leben ist; jeder Tag ist es! Es kann wunderschön sein, eine Wolke zu beobachten oder einfach nur zu atmen. Wer die Welt so ansieht, sie als so staunenswert, das Leben als so lebenswert betrachtet, dem erscheint wohl auch jeder Mensch liebenswert. Ganz gleich, wie lange ein Mensch leben darf, wie viel Kraft ein Mensch hat oder wie viele Gaben – du und ich, wir sind Geschöpfe der Liebe Gottes. Ja, das macht uns alle je einzeln liebenswert und das Leben lebenswert.

3. JANUAR

Viele empfinden das Tempo des Lebens heute als sehr laut und schnell. Und dabei spüren sie: Wir brauchen auch die Stille. Sie suchen einen Raum abseits der Hektik der Medienwelt des 21. Jahrhunderts. Wenn sie dann beispielsweise in ein Kloster kommen zum Schweigen, ein Wochenende oder einen Urlaub lang, merken sie, dass sie Stille nicht mehr gewöhnt sind. Es ist gar nicht so einfach, sich in die Stille einzuüben, Stille will gelernt werden. Sich Versenken in den Anblick eines Kreuzes, das Einlassen auf einen Gebets- oder Bibelvers oder auch nur das Loslassen des Alltags, der Gedanken – das braucht Zeit, Ruhe, Einübung. Viele Menschen erkennen heute, dass aus Erfahrungen der Stille neue Kraft geschöpft werden kann und sie so zu ihrer Lebensmitte finden.

4. JANUAR

Die Sehnsucht nach einer Erfahrung der Tiefendimension des Lebens, das so entsetzlich oberflächlich geworden ist, erscheint mir ungeheuer groß. Das *Burnout-Syndrom* als Zeichen unserer Zeit bedeutet ja, dass das Leben keinen Rhythmus mehr kennt zwischen Schaffen und Ruhen. Die ununterbrochene Betriebsamkeit und permanente Ablenkung etwa durch das Fernsehen sind Kennzeichen dafür. Das Kloster dagegen ist ein Ort, der ganz dem Blick auf die eigene Seele und auf Gott gewidmet ist. An dem keine oberflächliche Ablenkung stattfindet. Mitten in unserer lauten Welt brauchen wir solche Oasen der Ruhe, die uns daran erinnern, dass das Leben einen Sinn hat, einen Anfang, ein Ende, dass unsere Lebenszeit auf der Erde begrenzt ist und wir uns fragen müssen, wie wir sie verantwortlich leben.

5. JANUAR

Der aus Japan stammende Künstler *On Kawara* ließ auf der Documenta 2002 von leibhaftigen Menschen trockene Jahreszahlen lesen – einfach so, eine Jahreszahl nach der anderen. Wer sich dem aussetzt, dem relativiert sich die Zeit. Da kommt die Frage auf: Wie nutze ich die in der Relation zur Zeit insgesamt für mich bemessene Lebenszeit sinnvoll? Wo haben Menschen eine Spur hinterlassen? Hinterlasse ich selbst eine Spur – und wie sieht sie aus? Ich wünschte mir, wir hätten mehr Mut, das zu thematisieren. Dann würden viele Menschen bewusster leben. Und die Frage stellt sich auch mit Blick auf die Politik. Es geht doch nicht einfach darum: Wer gewinnt die Wahl?, sondern: Wie wird unsere Welt gestaltet, was dient dem Guten?

6. JANUAR

Es wäre ein echter Ruck, wenn wir in Deutschland aus einer Gesellschaft von Fernsehern eine Gesellschaft von Hinsehern würden. Ein »Hingucker« ist ja heute umgangssprachlich eine Art »Event«, an dem niemand vorbeikommt. Da müssten wir erst einmal nahsehen: Wie geht es den Menschen in unserer Umgebung? Den Aussiedlern, den Flüchtlingen, den Arbeitslosen? Und wir ständen vor der Frage: Können wir handeln? Sind wir bereit, Zeit und Bequemlichkeit zu opfern, um uns zu engagieren, Verantwortung zu übernehmen? Außer Nahsehen wäre dann aber in der Tat auch Fernsehen dran: die Situation der Welt wahrnehmen und fragen: Wie wollen wir Gegenwart und Zukunft so gestalten, dass alle auf diesem Planeten leben können? Die Frage des Lebensstils ist eben nicht einfach eine des schicken »lifestyle«. Es könnte sich manches ändern, wenn wir wagen würden, hinzusehen und konsequent zu leben.

7. JANUAR

Was, wenn unser Zusammenleben austrocknet und in der Dürre nur noch Rechthaberei, Selbstgerechtigkeit und Egoismus einen Ort haben? Das Glück und die Freude an Gemeinschaft und Solidarität können dort nicht mehr blühen. Niemand engagiert sich, keiner sieht den anderen, keine streckt die Hand aus zur Hilfe: Dann wird das Leben arm. Kalt wie die Wüste in der Nacht. Selbst unsere spirituellen Übungen und Gottesdienste sind davon manchmal nicht ausgenommen, sie können auch zur einsamen Farce werden, zur Selbstbeweihräucherung, die dem Wirken Gottes eher Einhalt gebieten, als dass Befreiung spürbar wird zu einem Leben, das sich unabhängig weiß von der elenden Regel des »Vor allem mehr!«. Deshalb lohnt der Blick auf die kleinen Dinge, die meist nicht käuflich sind: ein gutes Wort, eine Umarmung, Zuhören, Trösten, Lieben.

8. JANUAR

Wasser hat eine ungeheure Kraft. Wenn Wasser wirklich strömt, ist es nicht aufzuhalten. Das habe ich einmal beeindruckend in Simbabwe erlebt. Dort ergießen sich die Victoriafälle mit ungeheurer Wucht in den Sambesi, und dieser Strom hat dann eine Wucht und eine Geschwindigkeit, dass es schier unmöglich scheint, ihn zu regulieren oder gar zu bezwingen. Ein Naturschauspiel, das dem Menschen Grenzen der Beherrschbarkeit zeigt und ihn staunen lässt über die Schöpfung. Wir erfahren bei uns diese Grenzen nicht allzu oft – aber die große Elbflut 2002 zum Beispiel hat sie uns gezeigt. Fassungslos mussten wir sehen, dass alle Technik des 21. Jahrhunderts diese Kraft nicht eindämmen konnte. Vielleicht eine wichtige Mahnung, die Machbarkeit nicht zu überschätzen.

9. JANUAR

So ein Victoriawasserfall von Gerechtigkeit – das wäre wie ein großartiges Fest der Liebe der Menschen zueinander, das uns einfach mitreißen würde. Die Abwehr des Bösen, die Nichtverführbarkeit zur Gewalt, die Entschärfung von Konflikten – all das würde gefeiert. Ein Fest des Lebens mitten im großen Strom der Liebe Gottes wäre das. Wir würden staunen und sehen, was Gott bewirkt. Und würden auch ermutigt sein, zu sehen, was wir selbst bewirken können! Ein Fest des Lebens – das könnten auch die Gottesdienste in unseren Kirchen werden. Orte der Gegenkultur, die noch von Gerechtigkeit und Frieden träumen, die Entwürfe des ganz anders möglichen Lebens zeichnen!

10. JANUAR

Von der Sehnsucht, dass das »Recht strömen möge wie Wasser und Gerechtigkeit wie Wasserbäche«, spricht der Prophet Amos in der Bibel. Er verurteilt die Gottesdienste seiner Zeit. Die Lieder und die Harfenmusik nennt er aus Gottes Perspektive »Geplärr«. Sie produzierten einen Schein von Religiosität, aber sie hätten mit Recht nichts zu tun, sagt Amos, denn sie seien selbstbezogen, religiöse Ich-AGs sozusagen. Und heute? Ich denke an viele, die sagen: bitte keine Politik im Gottesdienst. Um »Glauben pur« soll es da gehen. Einerseits verstehe ich das: Menschen suchen im Glauben, im Gottesdienst, in der Gemeinschaft Trost und Ermutigung und Halt für ihr Leben. Andererseits ist es ein Irrtum, zu meinen, Gottesdienst sei individualistisch, eine rein private Angelegenheit, habe mit der Welt, in der wir leben, nichts zu tun. Nein, Gott will Recht. Gott will, dass wir Recht schaffen. Gott liebt Gerechtigkeit – und das soll sich spiegeln in den Menschen, die an Gott glauben, in denen, die zu ihm beten, die Gottesdienste miteinander feiern.

11. JANUAR

Wie würde das heute aussehen, wenn Recht wie Wasser strömt? Zuallererst müssten wir wohl unsere Blickrichtung erweitern. Einmal in unserem eigenen Land: Da ist etwa der Prozess, in dem zwei Frauen um Asyl bitten, weil sie in Nigeria der Gefahr der Genitalverstümmelung ausgesetzt sind. Als ich mich für sie eingesetzt habe, hagelte es Protestbriefe von »guten Deutschen«. Das sei deren Problem, das gehe uns nichts an, wenn »die Schwarzen da« so merkwürdige Sitten hätten. Kann das wahr sein? Gottes Ebenbild, deine Schwester – geht dich nichts an? Nein, das ist nicht wahr. Das Leid eines anderen Menschen geht mich an. Die Bibel sagt es so: Wenn ein Glied leidet, leiden alle mit …

12. JANUAR

Beim rechten Leben geht es immer wieder um das Zwischenmenschliche, die Verbundenheit, das Zusammensein mit Freundinnen und Freunden, Verwandten, Gästen. Gerechtigkeit ist nicht nur zu verstehen als Interessenausgleich, sondern als warmherzige Verbundenheit, Zärtlichkeit, Liebe. Davon ist manchmal wenig zu erkennen in unserem Umfeld, in unseren Betrieben, in der Kirche. Auch hier sind unsere Beziehungen oft berufsbezogen. Zärtlichkeit und Warmherzigkeit werden dann weggesteckt in die Frauenecke. Allenfalls noch modisch als »emotionale Intelligenz« gewürdigt. Freundlichkeit lieben – wenn das in der Bibel vom Menschen gefordert wird, ist eine Lebenszuwendung zum Anderen angemahnt. Sie schafft einen Lebenszusammenhang, in dem nicht Ökonomie regiert, sondern die Zeit, die der sterbende alte Mann braucht, die Zeit, die ich für das Kind haben muss, für eine Frau auf der Straße, die Fragen hat. Wir müssen uns tatsächlich fragen, wie sehr wir Freundlichkeit lieben – und für wie kostbar wir unsere eigene Zeit halten, die wir dann lieber nicht mit anderen teilen.

13. JANUAR

Freundschaft wächst nur aus Interesse aneinander. Zeit füreinander, Zeit zu hören, zu reden. Und nicht dadurch, alles gleich verstehen und alles vergleichen zu wollen. Manches darf stehen bleiben. Wachsen braucht Zeit.

14. JANUAR

Wir können Licht in die Dunkelkammern des Pessimismus bringen, auch wenn wir klein anfangen. Es müssen nicht immer die ganz großen Leute und die ganz großen Themen sein. Vielleicht ist es eine Initiative hier, ein Schritt dort, Fantasie an diesem Ort und eine Hoffnung da drüben, die sich nicht unterkriegen lässt durch die angebliche Übermacht eines düsteren »Wir können doch nichts ändern«.

15. JANUAR

Wir haben keinen Glauben, der im Kopf bleibt, der eine Verstandesangelegenheit ist, sondern einen Glauben, der Menschen zum Handeln drängt, zur Nächstenliebe ruft.

16. JANUAR

Ein neugeborenes Baby kann mich jedes Mal zutiefst anrühren. Nun, ich weiß als Mutter von vier Töchtern sehr wohl, dass Kinder nicht ein Leben lang nur süß und wonnig sind. Eine Geburt aber bleibt für mich ein Wunder. Alle Technik kann dieses Wunder nicht beherrschen, alle Klonversuche und alle Reagenzglasbefruchtungen dieser Welt werden dieses Wunder nicht schmälern können. Ich verstehe es so, dass Gott die Beziehung zu uns Menschen sucht und uns diese Möglichkeit von Zeugen und Gebären gibt, damit sich das Leben fortsetzen kann. Geboren werden und Sterben stehen in einem Zusammenhang im großen Kreislauf des Lebens, das Gott uns schenkt und das weit über diese Zeit und Welt, die wir sehen, hinausgeht.

17. JANUAR

Wagen wir es, die Grenze unseres sichtbaren Lebens in den Blick zu nehmen! Nein, wir sehen nicht alles, vieles ist verborgen. Aber wir dürfen uns Gott im Glauben anvertrauen. Das ist wahrhaftig ein Geschenk. Ich kann getröstet in die Dunkelheit blicken, weil ich vertrauen darf, dass ich erkannt bin. Ich muss nichts verbergen, ich bin angenommen.

18. JANUAR

Im Leben geht nicht alles gleichzeitig. Da gibt es Zeiten, in denen wir trauern und klagen. Vielleicht, weil wir einen geliebten Menschen verloren haben. Oder weil etwas nicht stimmt in unserem Leben, wir eine Prüfung nicht bestanden haben, unglücklich verliebt sind, unseren Arbeitsplatz verloren haben. Das sind keine Situationen, die wir einfach übergehen können – oder sollten. Nein: Augen auf und zulassen, spüren, ernst nehmen. Zum Leben gehören Höhen und Tiefen.

19. JANUAR

Was ist Glück? Vielleicht nur ein Moment. Tief durchatmen. Alles ist gut. So gut wie es nur sein kann. Jetzt. In diesem Augenblick. Das wahrnehmen, das ist Glück.

20. JANUAR

Als ich in den Südstaaten der USA war, fand ich am Anfang vor allem lustig, wenn Menschen auf die Frage: »How are you?« – »Wie geht es dir?« antworteten: »I am blessed!«. Aber je länger ich darüber nachdachte, desto besser gefiel es mir. »Ich bin gesegnet«: Darin steckt ein Bewusstsein dafür, dass Gott mich mit so vielem wirklich beschenkt hat, eine Grunddankbarkeit als Lebenshaltung. Das mag oft nur so dahingesagt sein. Aber dahinter steckt ein Lebenskonzept.

21. JANUAR

Die Komödie »Happy-Go-Lucky« von *Mike Leigh* – zu Deutsch: unbeschwert, sorglos –, die im Jahr 2008 in den Kinos lief, erzählt von der Grundschullehrerin Pauline, die geradezu unverwüstlich glücklich ist. Es gibt viel zu lachen, wenn sie sich weder von einem griesgrämigen Fahrlehrer noch von ihrer Schwester noch von anderen Hindernissen in ihrer Fröhlichkeit einschränken lässt. Und doch: Was ist die Ursache solcher Lebenshaltung? Die Gene? Die Einstellung? Was macht einen Menschen glücklich? Wie beschreiben wir eine glückliche Lebensform? Erfüllung, Geld, Liebe, Partnerschaft, Glaube, Kinder? Halten wir einen Moment inne. Wann waren Sie das letzte Mal glücklich?

22. JANUAR

Wie macht mein Leben Sinn? Ein 75-jähriger bundesdeutscher Durchschnittsbürger hat in seinem Leben neun Jahre vor dem Fernseher verbracht. Wo ist da der Sinn? Können wir Zeit als von Gott geschenkte Lebenszeit verstehen? Als eine Zeit, die von sich her schon Sinn macht? Es geht darum, die Liebe Gottes zu den Menschen auch erfahrbar und spürbar werden zu lassen. Für mich ist Jesus Christus der Weg, die Wahrheit und das Leben, weil er zeigt, dass er in jedem einzelnen Menschen einen Abglanz von Gott selber sieht, Gottes Ebenbild. Wenn wir das glaubwürdig in unsere Zeit sagen könnten, wenn wir das leben würden; wenn wir einander erkennen könnten im Spiegel der Liebe Gottes in dir und in mir, würden wir dieser Gesellschaft einen großen Dienst erweisen.

23. JANUAR

Jesus Christus wird auch Heiland genannt – ein Wort, das uns altmodisch und betulich erscheint. Vielleicht können wir seinen Sinn aber neu entdecken. Etwas kann heil werden in meinem Leben, wenn ich mich ihm anvertraue, den Blick weite. Wir haben sozusagen einen Kompass in all dem Chaos. Und der sagt: Gott ist in der Welt, damit wir Orientierung, damit wir Mut zum Leben finden.

24. JANUAR

So viele sehnen sich nach erfülltem Leben – und scheinen es in all ihrer Geschäftigkeit zu verpassen. So viele sehnen sich nach Sinn und bleiben einsam. Gesundheit, die bei allen Geburtstagswünschen an erster Stelle steht, ist gewiss ein ganz hoher Wert. Vor allem geht es doch aber auch um das Heilen der Seele, das Heil-Werden von Beziehungen. Um das Heilen sozialer Beziehungen in der Familie zum Beispiel, aber auch der Beziehungen zwischen Alten und Jungen, Fremden und Einheimischen, Reichen und Armen in unserem Land und in der ganzen Welt. Es geht um das Erlernen von sozialer Kompetenz, die vielen verloren gegangen ist.

25. JANUAR

Eine Türkin sagte mir einmal: »Ich lebe jetzt seit 16 Jahren in Deutschland, aber ich habe noch nie ein deutsches Wohnzimmer gesehen.« Sie arbeitet mit Deutschen, ihre Kinder gehen mit deutschen Kindern in Kindergarten und Schule, aber einander einladen – so weit geht es nicht. Das ist tieftraurig, weil wir Ängste und Vorurteile wohl nur abbauen können, wenn wir sehen, wie die jeweils anderen leben. Dazu gehören eben offene Türen.

26. JANUAR

Nachbarschaft leben, einander beistehen und helfen, das ist heute tatsächlich ein Thema. Wir haben oft verlernt, Nachbar zu sein. »Privat« – das ist wichtig! Wer aus dem zehnten Stock im Hochhaus merkt schon, wenn im zwanzigsten jemand stirbt? Erst der Verwesungsgeruch macht die Vorbeigehenden aufmerksam. Ist das auf dem Dorf anders, besser? Ich hoffe das sehr. Ein Theologe des 20. Jahrhunderts, *Ernst Lange*, hat einmal gesagt, Christ-Sein bestehe darin, den anderen Nachbarn zu sein. Das bedeutet wohl, dem Nächsten helfen und ihm beistehen in allen Nöten. Oder einfach: auf die anderen achten, sie wahrnehmen, aufmerksam sein statt sich abgrenzen und isolieren.

27. JANUAR

Holocaust-Gedenktag. Eine ältere Frau erzählt den Vierzehnjährigen, die Fragen stellen über jüdisches Leben in ihrem Dorf: »Die jüdische Familie, in der ich Mädchen war, war mir unheimlich, weil ich nicht verstanden habe, was die da freitags machten.« Ein junger Mann sagt: »Ich könnte mich kaputtlachen über eure Kategorien von Sinti und Roma. Ich bin einfach ein Zigeuner!« Und eine junge Muslima sagt in einer Diskussion: »Das könnt ihr einfach nicht verstehen mit eurem Gerede von Emanzipation: Für mich bedeutet das Kopftuch Freiheit, vor allem Freiheit von den Blicken der Männer. Ihr merkt das ja schon gar nicht mehr.« Es ist wichtig, erst einmal Interesse zu zeigen, hinzuhören, das andere nicht gleich als Gefahr zu sehen. Und zu respektieren, dass es Unterschiede gibt. Wie langweilig wäre es, wenn alle gleich wären!

28. JANUAR

Jesus malt Bilder gegen die Wirklichkeit. Es muss nicht so sein, wie es ist, es muss nicht so bleiben. Es kann auch ganz anders sein, sagt er. Wir können unserer Sehnsucht nachspüren, uns finden, Wirklichkeit verarbeiten, Wege in die Zukunft erkennen. Eine wunderbare Inspiration sind die Seligpreisungen für ein Miteinander der Menschen jenseits der Machtkämpfe, Intrigen und Leistungsansprüche, jenseits des Gegensatzes von Arm und Reich, von Bedeutend und Unbedeutend. Leben in dieser Welt kann gelingen.

29. JANUAR

Die Sanftmütigen, die Barmherzigen, die geistlich Armen stehen in der Bibel ganz vorn in der ersten Reihe. Glücklich zu nennen sind die Sanftmütigen, Friedfertigen und Barmherzigen! – Das ist ein Kontrastbild zu unserem Alltag. Da redet einer von einer Kontrastgesellschaft, in der die Waffen nicht das letzte Wort haben und das Gewissen über allem anderen steht.

30. JANUAR

Sind wir wohl in der Lage, eine Art Kontrastgesellschaft abzubilden? Eine Gesellschaft, in der auch die Alten zählen, die hierzulande nichts mehr wert sind? In der wir Geschichten hören wollen, Geduld miteinander haben? Bilden wir Gemeinschaften, in denen die Jungen ihren Platz haben, in denen wir auf die Kleinen achten, Zeit finden in dieser stressgeplagten Ära? Treten wir in Zeiten der Reformen, die wie ein Mantra die Rede von der Eigenverantwortung wiederholen, dafür ein, dass Gemeinwohl und Eigennutz in einer Balance stehen müssen?

31. JANUAR

Es gehört Mut dazu, das Leben in die Zukunft zu entwerfen, die Hoffnung zu haben, dass sich alles ändern könnte. Ich bin überzeugt, dass wir eine solche Hoffnung nicht aus uns selbst ableiten können. Aber wir können anknüpfen an eine Hoffnung, die uns schon vorgegeben ist. Wenn wir anfangen, uns von dieser Hoffnung inspirieren zu lassen, dann beginnt sie erkennbar zu werden und Boden zu gewinnen. Dazu ist ein langer Atem notwendig, Geduld im Hoffen. Dabei kann es helfen, die Momente im Leben festzuhalten, wo etwas gelungen ist. Ein Moment der Zärtlichkeit. Eine Erfahrung von Solidarität. Ein Wintertag mit klarem Atem, kalter Luft und offenem Himmel. Hoffnung kann durchtragen auch durch Zeiten, in denen wenig Gelingen, wenig Zuversicht erfahrbar ist. In denen wir nicht die Kraft haben, uns aufzulehnen gegen die Hoffnungslosigkeit. In denen wir das Sterben begleiten müssen und Abschied zu nehmen haben. Hoffnung kann uns die Kraft geben, diese Phasen durchzuhalten und uns nicht der zerstörerischen Hoffnungslosigkeit hinzugeben.

FEBRUAR

1. FEBRUAR

Mir tut oft weh, wie viele Menschen von unserer Gesellschaft einfach am Rande zurückgelassen werden, die still und langsam sind und für vieles mehr Zeit brauchen als andere. Sie sind aber nicht weniger wert. Und auch nicht weniger glücklich, soweit ich sehe. Kann jemand eigentlich mehr Glück empfinden als ein Kind mit Down-Syndrom, das strahlend über eine Blume lacht? Kann jemand effektiver sein als eine Pastorin, die sich Zeit nimmt für die Ehekrise eines Gemeindemitgliedes? Kann ich besser sein als ein Freund, der mit dem Freund weint, weil beide wissen, er muss sterben? Es ist tatsächlich lebenswichtig, dass wir uns Zeit nehmen für das Leise und Langsame, vermeintlich Zwecklose, in dem sich der Sinn des Lebens eröffnet.

2. FEBRUAR

Gottes Licht lässt uns wohl die Finsternis erst richtig erkennen. Wir werden ermutigt, die Finsternis ans Licht zu bringen, genau hinzusehen. Gerade weil wir an Gottes Licht, die Zusagen des Lebens, das kommende Licht glauben, müssen wir vor der Dunkelheit nicht flüchten. Wir wenden uns nicht ab von der Welt in einen heilen Glauben in der Abgeschiedenheit. Und wir müssen nicht verzweifeln an der Welt mit all dem Elend und Leid. Nein, Gottes Licht ermutigt uns, mitten hineinzugehen in diese Welt und, selbst angestrahlt, Strahlen weiterzugeben.

3. FEBRUAR

»Ich träume davon, dass wir imstande sein werden, den Rat der Hoffnungslosigkeit zu vertagen und neues Licht in die Dunkelkammern des Pessimismus zu bringen«, hat *Martin Luther King* gesagt. Was ist das für ein Traum! Lasst uns das träumen! Den Rat der Hoffnungslosigkeit wollen wir vertagen, das ist ein wunderbares Bild. Hoffnungslosigkeit und Lamento stehen immer schnell und gern auf der Tagesordnung. Dabei sind wir doch in der Lage, die Welt zu gestalten. Wir sind nicht wie Marionetten dem Schicksal ausgeliefert. Nein! Gott hat uns gezeigt, dass mit Liebe Gewalt überwunden werden kann. Das ist nicht naiv, sondern davon gibt es Spuren.

4. FEBRUAR

Gewiss weiß ich auch, dass niemand von uns alle Lasten der Welt auf den eigenen Schultern tragen kann. Mir ist auch klar, dass es eine Überforderung wäre, jeden Tag im Licht der Tragik der Weltprobleme zu betrachten. Ich kenne auch eine tiefe Dankbarkeit in mir, eine Lebensfreude, das Glück der kleinen Dinge. Aber neben diesem Lachen, dem Glück über den Augenblick, der Freude an Gelingendem gibt es auch immer diese Traurigkeit. Das ist vielleicht schlicht der Ernst des Lebens, die Realität des Leidens, die ich sehe. Ja, vielleicht ist das die Trauer des Clowns, die weiß um die Ängste der Menschen, um so viel vergeudetes und verhindertes Leben, das Gott uns doch geschenkt hat, damit es aufblüht. Dabei ist das Lachen, das Glücklichsein ja gar nicht nur eine Oberfläche, das wäre zu einfach und zu traurig zugleich. Mir scheint eher, zur Fülle des Lebens gehören eben beide Seiten: die Liebe und der Zorn, das Glück und die Trauer. Lachen hat seine Zeit, Weinen hat seine Zeit.

5. FEBRUAR

Der Ruf aus dem Evangelium ist eindeutig. Es ruft nicht zu Hass und Zorn, es ruft zum Frieden. Wie heißt es: »Geh die zweite Meile mit, halt die andere Wange hin, steck das Schwert an seinen Ort.« Wo immer wir die Spirale der Gewalt durchbrechen, einander die Hand reichen über Hass und Trauer hinweg, da blitzen die Möglichkeiten des Reiches Gottes auf wie Funken. Immer da kann es wachsen. Es geht darum, die Hoffnung wach zu halten, dass Menschen in Würde, in Frieden und Gerechtigkeit miteinander leben können. Zerstört werden solche Funken, wo Menschen jubeln über den Tod und die Zerstörung anderer. Zum Leuchten ist es notwendig, dass die Opfer gehört und Täter zur Rechenschaft gezogen werden. Sichtbar werden sie, wo Liebe spürbar wird, Zuwendung, Mit-Leiden, Versöhnung.

6. FEBRUAR

»Fromm sein« – das steckt voller Klischees. Eine fromme Frau, da denken die meisten an dicke Strickstrümpfe, die Haare zum Knoten streng zusammengezogen, eine Frau, die aussieht, als habe sie noch nie Disco-Musik gehört. Und wenn in einer Talkshow ein frommer Mann auftritt, dann hat er wahrscheinlich einen Pullunder über langärmeligem Hemd an, redet davon, wie lieb sich alle haben sollen, dass Sex aber verwerflich sei. Doch Frommsein darf nicht nach Mottenkugeln riechen oder moralinsauer aufstoßen. Frommsein ist vielmehr eine wunderbare Lebenshaltung. Sie meint eine Doppelbeziehung: ich weiß mich von Gott gehalten und getragen. Deshalb gehe ich offen auf andere zu und will Gottes Welt mitgestalten. Fromm sein ist eine eigene innere Freiheit von all den Zwängen und Urteilen der Welt. Auch wenn die Werbung uns ständig das Gegenteil eintrichtert, sagt die Bibel: Es ist nicht das Wichtigste im Leben, ob ich den Super-Arbeitsplatz habe, viel Geld verdiene, ein geiles Auto fahre und eine tolle Figur habe. Nein. Es gibt ein Kontrastprogramm:

Du hast deinen Lebenssinn darin, dass Gott dir zusagt: Fürchte dich nicht! Ich bin ja da. Und nun mach das Beste aus deinem Leben. Wer so leben kann, ist wirklich ein freier Mensch.

7. FEBRUAR

Christlicher Glaube ist nicht denkbar ohne die Freiheit, die er schenkt. Und christliches Leben ist nicht vorstellbar ohne das Ethos als Konsequenz der geschenkten Freiheit: Gott über alle Dinge lieben und den Nächsten wie dich selbst. Das bedeutet nicht Selbstaufgabe oder Selbstverleugnung – davor steht eben das »wie dich selbst«. Es meint: Wer an Jesus Christus glaubt, will nicht nur bei sich selbst bleiben, sondern sich den anderen zuwenden, so wie Jesus sich anderen zugewendet hat. Ohne Vorbehalte, mit den Augen der Liebe Gottes.

8. FEBRUAR

Es ist nicht so, dass der Dialog der Religionen einfach wäre. Es ist zu kurz gegriffen, wenn gesagt wird: »Irgendwie glauben wir doch alle an denselben Gott.« Für mich als Christin ist Gott nur zugänglich durch Jesus Christus. Für mich sind Mann und Frau vor Gott gleich geschaffen, das lese ich so in der Bibel, vor allen Dingen ist das von Jesus gelebt worden. Eine Missachtung der Frau, eine Herabwürdigung, gar ein Gewaltrecht des Mannes über die Frau ist mit meinem Glauben unvereinbar. Das muss ich offen sagen dürfen und diese Religionsfreiheit im positiven Sinne auch wahrnehmen in meinem Land. Ich denke, viel zu oft verharren Christinnen und Christen in der Defensive. Wir können einen Dialog mit anderen Religionen aber nur führen, wenn wir auch wissen, wo wir stehen und was wir glauben. Die Toleranz darf die Wahrheitsfrage nicht ausklammern, sonst ist es billige Toleranz, Gleichgültigkeit.

9. FEBRUAR

Mir wird ja nun oft gesagt, ich sollte mich gefälligst um das Eigentliche kümmern und mich nicht in Dinge einmischen, von denen ich nichts verstehe. Solche Dinge wie Gentechnologie, von der nur Wissenschaftler was verstehen. Solche Dinge wie Krieg, von dem nur Politiker und Soldaten etwas verstehen. Oder solche Dinge wie Armut, von der nur Sozialexperten was verstehen. Da muss ich sagen: Die Freiheit der Einmischung nehme ich mir. Denn das Eigentliche im christlichen Glauben ist keine weltabgewandte Sonderexistenz, sondern stets das Gottvertrauen, das mitten in der Welt Gott über alle Dinge liebt und den Nächsten wie sich selbst. Und das deshalb merkt, wo andere sich an Gottes Stelle setzen oder gesetzt werden. Das fragt, wie es den Schwächsten geht, den Kindern, den Obdachlosen, den Alten, den Behinderten, den Kranken, der geschundenen Schöpfung. Das sagt: So kann es nicht weitergehen. Es gehört eigentlich zum Glauben dazu, sich einzumischen!

10. FEBRUAR

Es hat immer Theoretiker gegeben, die sich – ganz im Sinne von »Geiz ist geil« – dagegen ausgesprochen haben, die klassischen Tugenden, die allesamt auf eine Zügelung des Eigeninteresses abheben, auch in der Wirtschaft als regulierende Maßstäbe zugrunde zu legen. Sie plädieren dafür, das, was die Bibel als Laster bezeichnet – Maßlosigkeit, Gier, Neid, Eitelkeit, Ungeduld – als sinnvoll zu rechtfertigen, weil solche Einstellungen die wirtschaftliche Entwicklung stärken könnten. So wird eine Abkopplung des wirtschaftlichen Handelns von dem, was als gute Lebensregel unter Menschen gilt, aktiv vorangetrieben. Statt Gemeinsinn und Nächstenliebe zu fördern, sollen alle mit Nachdruck ihre Eigeninteressen verfolgen – das diene der Wirtschaft. Nein. Es zerstört Gemeinwohl!

11. FEBRUAR

Wir sind alle miteinander gefordert als Eltern, als Nachbarn, als Lehrkräfte, als Freunde, als Gesellschaft insgesamt, die einer jungen Generation anscheinend den Vorbildcharakter und den Erziehungswillen schuldig bleibt. Ich bin überzeugt, der christliche Glaube kann auch im 21. Jahrhundert Lebensmaßstäbe und Orientierung für die Jungen geben. Aber wir müssen ihn auch einbringen, weitersagen, erzählen von unseren Lebenserfahrungen. Wo unsere Überzeugungen lebendig sind, sind wir Vorbilder, die überzeugen können.

12. FEBRUAR

Ich lache gern! Und ich spüre immer wieder, wie Lachen befreien kann. Gott hat Humor, davon bin ich überzeugt. Wie sollte Gott sonst auf diese merkwürdige Schöpfung Mensch schauen können, die hin und her schwankt zwischen zerbrechlichem Glück und der Sehnsucht nach Seligkeit ohne Ende, zwischen Krieg und Hoffnung auf Frieden, zwischen Engagement für Gerechtigkeit und dem Unrecht, das doch überall geschieht? Immer wieder brauchen wir Humor – immer wieder auch, um nicht zu verzweifeln.

13. FEBRUAR

Womöglich gibt es ja auch einen Engel des Humors – getöpfert oder gemalt ist er mir allerdings noch nicht begegnet. Ich selbst brauche jedenfalls ganz bestimmt Lachen und Humor, um das Leben zu meistern. *Martin Luther* hat einmal gesagt, das Evangelium könne nur mit Humor gepredigt werden. Das ist leider viel zu selten zu spüren – und deshalb bemühe ich mich, dass bei jeder meiner Predigten zumindest einmal die Heiterkeit, wenn nicht befreiendes Lachen einen Ort hat! Der Publizist und Theologe *Heinz Zahrnt* war ein Meister darin, Witze über die Kirche, den Protestantismus und einzelne deutsche Protestanten zu erzählen – das war kein Herziehen über andere, oft steckte eine tiefe Liebe zu den belachten Personen hinter der Erzählung. Ich wünschte, wir hätten mehr von diesen Geschichten gesammelt!

14. FEBRUAR

Valentinstag! Einen Gottesdienst zum Thema Rosen haben wir da einmal gefeiert. Und Frauen aus Kolumbien berichteten, wie sie in pestizidverseuchten Feldern ohne Schutzmasken Rosen für den deutschen Markt ernten, um ihre Familie zu ernähren. Nein, ich möchte solche Rosen nicht geschenkt bekommen. Wir müssen alles daransetzen, den Markt für fair gehandelte Blumen zu stärken, nach ihnen zu fragen, sie zu kaufen (oder uns schenken zu lassen). So helfen wir den Frauen in der Blumenindustrie viel mehr als mit Spenden. Und so wäre ein Rosenstrauß heute nicht nur ein Gag der Werbewirtschaft, sondern ein Zeichen der Liebe, die zu zweit schön ist, aber auch Liebe sein kann über Grenzen hinweg, schlicht Solidarität.

15. FEBRUAR

Was ist mir das Liebste? Das, worum keine Scherze gemacht werden sollen? Wo ich verletzt bin, wenn es lächerlich gemacht wird? Ist es eine Liebe, die eigene Familie, mein Besitz? So wie mit diesem Liebsten geht es Glaubenden mit Gott. Gott darf nicht missbraucht werden für Formeln, für etwas, was banal ist. Gottes Name, er ist uns lieb und teuer. Wir nennen ihn, wenn wir an Gottes Treue denken. Sie erweist sich immer wieder in den biblischen Geschichten. Gott rettet – aus der Unterdrückung in Ägyptenland, aus Hunger und Not. Gott liebt Menschen, Jesus hat uns das wunderbar gezeigt. Gott will Leben, über den Tod hinaus. Deshalb achten wir Gottes Namen, den wir als Vater, Sohn und Heiligen Geist kennen. Wir heiligen Gottes Namen, wenn wir Kinder segnen, wenn wir beten, wenn wir für Arme, für Gerechtigkeit einstehen. Unnütz gebraucht wird Gottes Namen, wenn wir in diesem Namen Krieg führen, Menschen versklaven, andere verachten. Gottes Name will lebendig sein in unserem Leben.

16. FEBRUAR

Als Mose einst Gottes Namen unbedingt erfahren will, erhält er die Antwort »Ich bin, der ich bin« (2. Mose 3,14). Was soll das für ein Name sein? Heißt das: Gott hat einen Namen, aber wir kennen ihn nicht? Oder: Es gibt viele Namen für Gott? Vielleicht ist »Ich bin, der ich bin« oder auch die andere, genauso »richtige« Übersetzung des Hebräischen: »Ich werde sein, der ich sein werde« aber auch die treffendste Beschreibung Gottes. Sie legt Gott nicht fest, sie lässt offen, wie und wo und wann wir Gott erfahren. Sie legt Gott auch nicht fest auf weiblich oder männlich. Nein, dieser Name ist keine Festlegung, sondern ein Versprechen: Ich werde da sein, für euch da sein.

17. FEBRUAR

Geheiligt werde dein Name – Gott ist nicht verfügbar! Mit Respekt und Ehrfurcht sollen wir diesen Namen nennen.

18. FEBRUAR

Frühstück in New York. Die Kellnerin versteht mich anscheinend nicht. Ich überlege, ob ich ihr sagen soll, dass ich Deutsche bin und mein Englisch wohl nicht perfekt ... Dann begreife ich, dass sie noch weniger Englisch kann als ich. Sie spricht offenbar nur Spanisch, ihre Kollegin eher Russisch als Englisch. Wer ist in dieser Stadt fremd, wer einheimisch? Sie ist eine einzige große Mischung aus Völkern und Kulturen, Nationen und Rassen. Das ist irgendwie großartig – auch wenn es selbst hier immer wieder Abgrenzungen und Rassismus gibt. Keiner ist fremd, alle sind fremd, oder besser: alle haben hier einen Platz, alle sind einheimisch.

19. FEBRUAR

Nach einem Jahr im Ausland sagte eine junge Frau: »Ich war so froh, als ich in der Lufthansamaschine saß. Mir hat es gereicht in dem einen Jahr. Die fremde Sprache, die fremden Sitten, keine eigene Dusche. Ich war einfach froh, wieder zu Hause zu sein.« Nur wenn wir selbst Fremdheitserfahrungen machen, ahnen wir, wie es Fremden bei uns geht. Auch das weiß die Bibel. Ja, das Wissen darum, selbst einmal fremd gewesen zu sein in Ägypten, wird zu einer bleibenden Erinnerung in Israel. Es führt einerseits zum Respekt vor den Fremden: Sie dürfen fremd bleiben. Und gleichzeitig wird aus dieser eigenen Erfahrung heraus den Fremden besonderer Schutz zugesagt.

20. FEBRUAR

Dass Gott eine besondere Vorliebe für Fremde hat, das zieht sich wie ein roter Faden durch die Bibel bis dahin, dass Gott sich selbst als Fremdling bezeichnet (Jeremia 14,8f) und Jesus den fremden Samaritaner als leuchtendes Beispiel beschreibt. Deshalb ist der Schutz der Fremden, die Auseinandersetzung mit Fremden in unserem Land vom Flüchtling bis zu dem, der Einheimischer geworden ist, eine fundamentale Aufgabe für Christinnen und Christen. Mit guten Worten ist es nicht getan. Es geht um eine Kultur des Miteinanders, die die Auseinandersetzung nicht scheut und die Unterschiede nicht verwischt.

21. FEBRUAR

Christinnen und Christen wissen, dass jede Ablehnung von Fremden in radikalem Widerspruch zum christlichen Glauben steht. Jesus hat sich vorbehaltlos allen Fremden zugewendet – da gibt es viele Geschichten von ihm. Deshalb kann eine Abwertung oder eine Abwehr von Fremden mit dem christlichen Glauben nicht in Einklang gebracht werden. Das muss festgehalten werden, gerade weil es in der Geschichte immer wieder auch anders aussah.

22. FEBRUAR

Bei einer internationalen Tagung sagt eine Inderin zu mir: »Du kommst aus Deutschland? Da wäre ich fast verhungert!« »Was?«, frage ich. »Ja«, sagt sie, »immer wenn ich gesagt habe, ich möchte nichts mehr, haben die mir tatsächlich nichts mehr angeboten. Bei uns in Indien muss man dreimal hintereinander ablehnen, dann erst nimmt man noch etwas. Gleich ja zu sagen, wäre äußerst unhöflich …« Ja, das kann fast komisch sein, wenn verschiedene Kulturen einander begegnen. Fremdheit ist ja auch interessant, spannend, anregend. Aber was, wenn uns das Fremde wirklich fremd ist? Dann ist es auch beängstigend. Es gilt, diese Fremdheit auszuhalten, das Fremde fremd sein zu lassen und nicht sofort in die eigenen Kategorien zu pressen. Leicht ist das nicht.

23. FEBRUAR

Engel sind in der Bibel selbstverständlich da. Sie existieren. Sie sind Mittler Gottes, sie vermitteln, was Gott den Menschen sagen will, sie sagen die Gegenwart, die Anwesenheit Gottes zu. Gott ist da, tröstend, haltend, bergend, und sagt: »Fürchte dich nicht!« Diese Zusage ist so etwas wie die Visitenkarte der Engel.

24. FEBRUAR

Auf meinem Schreibtisch habe ich einen »Engel der Gelassenheit«. Die Frau, die ihn hergestellt hat, hat insgesamt 31 Engel geschaffen – vom »Abenteuer-Engel« bis zum »Engel der Weisheit«. Sie sagt, sie habe das Gefühl gehabt, die Engel wollten gemacht werden. Jeder entsteht durch einen Prozess, an dem Intuition, Gefühl und Verstand beteiligt sind – und dann durch eine sehr aufwendige Handarbeit. Wahrscheinlich ist das auch mit dem Glauben so, denke ich. Der setzt sich zusammen aus Intuition, Gefühl und Verstand und wird gelebt in einer sehr aufwendigen Handarbeit, von Tag zu Tag …

25. FEBRUAR

Ja, ich denke, es gibt Engel. Sie stehen für die Erfahrung von Gottes Nähe. Definieren kann ich Engel nicht, sie lassen sich nicht einfangen in Sprache. Aber sie sind da. Wenn wir uns für sie öffnen, können wir ihnen begegnen: in andern Menschen, im Wahrnehmen einer besonderen Kraft, im Glauben. Lassen wir uns da nicht beirren.

26. FEBRUAR

Martin Luther hat immer Wert darauf gelegt, dass wir nicht Heilige und auch nicht Engel anbeten. Und doch hat er seinen Morgen- und seinen Abendsegen mit der Bitte beschlossen: »Dein heiliger Engel sei mit mir, dass der böse Feind keine Macht an mir finde.« Das finde ich einen sehr schönen Gedanken, denn er kennt Engel als die Erfahrung von Gottes begleitender Gegenwart. Das wird ja im christlichen Glauben oft ausgeblendet, dass es neben dem Hören auf Gottes Wort auch die Erfahrung von Gott gibt. So sehr ich mich gegen die Definition von »Glaube ist Gefühl« wehre, weil mir wichtig ist, dass ich beim Glauben meinen Verstand nicht ausschalten muss, so trocken empfinde ich einen Glauben ohne Erfahrung. Beim Glauben geht es nicht nur um Lesen, Hören, Verstehen und Schreiben, sondern auch um Singen, Lieben, Fühlen und Spüren. Vielleicht bringen Engel das am ehesten nahe.

27. FEBRUAR

Erfassen, Begreifen, Verstehen ist immer wieder Stückwerk. Nur Bruchstücke werden mir klar. Warum ist die Welt so? Warum gibt es das Leiden, den ganzen Kummer, so viel Verzweiflung? Warum so viel Dunkelheit – das bleibt für uns oft verborgen. Wie ein Teil Gottes verborgen bleibt, in Dunkelheit, von uns nicht zu erfassen, nicht zu begreifen oder zu verstehen.

28. FEBRUAR

Hat Gott tatsächlich Gefallen an uns? Kann das denn sein? Ja, denn wir sind Gottes Geschöpfe. Und wenn wir es wagen, uns Gott anzuvertrauen, dann sind wir auch Gottes Kinder. Das ist nichts, wofür wir uns schämen müssen. Nein, das ist eine Lebenskraft, die uns trägt in guten und in schlechten Tagen. Eine Kraft, die uns Mut gibt, nach dem Sinn unseres Lebens zu fragen. Die uns einlädt, immer wieder einen neuen Anfang zu wagen.

29. FEBRUAR

Selig die Sanftmütigen. Die, die noch zärtlich sein können; nicht die Aufbrausenden, die Starken und Durchsetzungsfähigen.

MÄRZ

1. MÄRZ

An Gott glauben scheint durchaus noch normal in unserem Land. Die Umfragen zeigen sogar, dass die Sehnsucht nach Religion ungebrochen ist. 66 Prozent der Deutschen glauben an Gott, 33 Prozent dagegen beten nie. Positiv gewendet, heißt das: Zwei Drittel der deutschen Bevölkerung glauben an Gott und zwei Drittel der Deutschen beten, davon 18,5 Prozent täglich.

2. MÄRZ

Der erste Freitag im März ist *Weltgebetstag der Frauen*. Seit 1927 gibt es diese Bewegung auch in Deutschland. In jedem Jahr bereiten Frauen aus einem Land der Welt eine Liturgie vor. Sie informieren über ihre Situation, sie erzählen von ihren Ritualen und Geschichten. Und um den ganzen Globus herum entsteht ein Netzwerk von Gemeinsamkeit. An diesem ersten Freitag im März geht ein Gebet füreinander um die ganze Welt.

3. MÄRZ

Gott die Ehre geben, das fällt offensichtlich schwer. »Ehre« ist ein Begriff, den viele heute nicht mehr verstehen. Und wenn wir etwas von »Ehrenmorden« in anderen Kulturen hören, finden wir das unbegreiflich. Ich habe in mehreren Wörterbüchern nachgeschlagen – meist kommt nach der »Ehescheidung« das »Ei«. In einem Lexikon aber heißt es: »Dem Menschen die Ehre nehmen heißt (nämlich), ihm das Vertrauen anderer abschneiden.« Das ist spannend. Gott die Ehre geben hieße dann, ihm wirklich vertrauen und davon auch zu sprechen: Es tut gut, sich Gott anzuvertrauen.

4. MÄRZ

Um die Ehre Gottes wissen, das heißt auch: Ich bin geschaffen, ich bin gewollt. Gott ist größer als alles, was ich kenne und sehe und verstehe. Deshalb verehre ich Gott. Das befreit mich von manchem Urteil der Menschen. Gott die Ehre geben, das bringt eine Lebenshaltung mit sich, eine Grundhaltung, die sagt: ich bin von Gott an meinen Ort gestellt und Haushalterin oder Haushalter Gottes.

5. MÄRZ

Die sieben Wochen vor Ostern können eine Zeit sein, in der wir unserer Seele Zeit geben. Zeit für die Innerlichkeit, für das, was den Menschen in der Tiefe ausmacht, ja überhaupt erst zum Menschen macht. In dieser so auf Fortschritt und Technik fixierten Welt, in der wir leben, sind die Veränderungen bisweilen so rapide, dass wir gar nicht mehr erfassen, wer wir sind, uns selbst im Strudel verlieren. Allein in den vergangenen zwanzig Jahren haben sich auch durch Privatfernsehen, Handy und Computer Lebenswelten und Alltag völlig verändert. Da kann unsere Seele meist nicht Schritt halten. Sorgen wir bewusst für unsere Seele. Sie ist so oft erschöpft und verletzt, vielleicht auch einfach vernachlässigt.

6. MÄRZ

Wir machen Wüstenerfahrungen, kennen Zeiten, in denen wir durch die Tiefen im Leben gehen, Zeiten, in denen wir die Ziele in unserem Leben aus den Augen verlieren. Leidenszeiten, Passionszeiten als Erfahrungen von Lebenswüste – auch das kennt wohl jeder Mensch. Wüstenerfahrungen können auch Zeiten sein, in denen der Glaube schwindet, die Lebenslust, Zeiten, in denen Verzweiflung an die Oberfläche kommt, Angst uns beherrscht. In solchen Wüstenzeiten zischeln sozusagen die Schlangen. Da erfahren wir, was Versuchung ist, da will das Zerstörerische Oberhand gewinnen. Wir sollten solche Wüstenzeiten nicht einfach ignorieren. Gott bietet uns dabei Orientierung an, eine Lebenszusage, die zulässt, dass wir von den Wüstenwanderungen reden, von den Ängsten auch vor Schlangen und von den Hoffnungen unseres Lebens.

7. MÄRZ

Es gibt zwar viele glückliche Menschen, aber doch auch viele, die innerlich leergebrannt sind. Das Leben besteht bei den Erfolgreichen oft aus dem Versuch, möglichst viel »rauszuholen«: Du musst mit den andern mithalten können mit deinem Auto, deinem Haus und deinem Geld. Bei den richtigen Partys dabei sein! Und als Frau, da musst du vor allem schlank sein und richtig aussehen. Mit Botox-Gift-Spritzen unter die Falten gespritzt, der Silikonausfütterung für den Busen und Fettabsaugen nähert sich frau dem vermeintlich guten Aussehen an – und zeigt eine große Angst vor dem Altern, die die meisten beherrscht. Und wer als Mann nicht genug verdient, arbeitslos ist, krank oder behindert, der steht am Rande und schaut dem Leben sozusagen zu. Der Sinn des Lebens – danach wird nicht viel gefragt. – Der Werbeetat der deutschen Wirtschaft liegt bei sechs Milliarden Euro pro Jahr. Wer nicht konsumiert, existiert sozusagen nicht. Aber wer nur noch konsumiert, verliert die Tiefe des Lebens schnell aus dem Blick.

8. MÄRZ

Weltfrauentag. Wir leben trotz aller Schwierigkeiten, mit denen viele konfrontiert sind, in unserem Land als Frauen in einer mit Blick auf die Welt insgesamt sehr privilegierten Situation. In Äthiopien, in der Provinz Wollega, ist mir das noch einmal ganz neu bewusst geworden. Die jungen Frauen dort sind schlecht ernährt, ihr Becken nicht gut entwickelt. Wenn sie dann mit 14 oder 15 schwanger werden, hat der Kopf des Kindes keinen Raum bei der Geburt. Selten überlebt das Kind, und meistens hat die Frau einen Riss in Uterus und Blase. Dadurch verliert sie Urin und riecht. Sie wird aus der Dorfgemeinschaft ausgeschlossen und in den Busch gejagt. Ein Krankenhaus in der Hauptstadt Addis Abeba hat sich jetzt auf diese Blasenrisse, auf die so genannte Scheidenfistel, spezialisiert. Aber woher soll ein junges Mädchen in der Provinz Wollega das wissen oder auch nur dorthin gelangen? Weltfrauentag: Da geht es um Rechte für Frauen und vor allem auch um ein Eintreten füreinander rund um die Welt.

9. MÄRZ

Unser Glaube ist eine Lebenskraft. Da gibt es Begeisterung, Freude über Gott. Daraus entspringt ein Lebensglück, das keine Spaßgesellschaft ersetzen kann. Das ist ein Glück, das hält und trägt selbst dann, wenn menschliche Beziehungen brechen und Vertrauen in Menschen enttäuscht wird. Gerade da, wo ich mich frage: Wie soll es weitergehen in meinem Leben, finde ich Halt, wenn ich Gott vertraue.

10. MÄRZ

Warum nur sind Begriffe wie »Gutmensch« und »Weltverbesserer« zu Schimpfwörtern geworden? Was wäre denn, wenn wir alle »Bösmenschen« und »Weltverschlechterer« wären? Haben wir den Mut zu einer Kontrastperspektive, zu einer Gegenkultur, wie die Bergpredigt sie entwirft? Gut wäre das, wenn wir die Vorwürfe und das Lachen der Welt über die, die für Gerechtigkeit und Frieden eintreten, für Gewaltüberwindung und Bewahrung der Schöpfung einfach hinnehmen könnten mit der Gelassenheit und Heiterkeit des Glaubens.

11. MÄRZ

Ich bin überzeugt: Gott will nicht weniger von uns, als dass wir die Welt verändern. Das erschreckt einige, ich weiß! Weltverbesserer werden ja stets eher belächelt. Aber wenn Gott uns Orientierung gibt, dann doch die: es gilt, Hass und Gewalt zu überwinden, es geht darum, die Vision von Gerechtigkeit Wirklichkeit werden zu lassen.

12. MÄRZ

Christlicher Glaube schwebt nicht irgendwo in der Luft, sondern bezieht sich auf die Bibel als Grundlage und kritisches Pendant der eigenen Glaubenserfahrung. Der Glaube der Kirche ruht noch immer auf der Glaubenserfahrung der ersten Zeuginnen und Zeugen. Lebendig wird er da, wo wir miteinander Gottesdienst feiern, mit Gott im Gespräch sind, mit anderen Menschen. Es geht beim Glauben um lebendiges Hören, Reden und Tun des Wortes Gottes. Mit Feiern und Tanzen, Lachen und Weinen, Trauern und Loben, Meditieren und Singen, Handeln mitten in der Welt!

13. MÄRZ

Wenn wir uns auf Gottes Wort einlassen, dann kann es sein, dass wir uns vom Trend, vom Zeitgeist, vielleicht auch von der Mehrheitsgesellschaft unterscheiden müssen. Das ist nicht immer einfach, ich weiß! Und manche sagen auch, wir müssten uns alldem mehr anpassen, um anziehender zu werden. Aber es geht nicht vor allem darum, sich anzupassen oder anziehend zu sein, sondern darum, wahrhaftig zu sein. Das gilt persönlich, aber auch für die Kirche. Nur so sind wir auch überzeugend.

14. MÄRZ

Ein neues Herz will Gott uns geben, heißt es in der Bibel. Ein Herz, in dem wir Gott erkennen, in dem wir von vornherein wissen, was gut und böse, richtig und falsch ist. Ist das eine naive Vorstellung? Ich finde nicht. »Herzensbildung« ist ja ein altertümlicher Begriff, er kommt in den Lehrplänen der Schulen auch nach den neuesten Reformvorschlägen nicht vor. Aber wir verstehen schon noch, was er meint. Vielleicht ist es gerade Realitätssinn, das Wissen darum, wie die

Menschen sind, wie sie immer wieder versagen und Schuld auf sich laden, was die Sehnsucht nach dem neuen Herzen prägt. Gottes Liebe jedenfalls ist größer als das Versagen, und sie kann unser Herz bilden.

15. MÄRZ

Können wir heute Gotteserfahrungen machen? Gibt es solche Momente im Leben? Manchmal, wenn wir den Mut haben, uns wirklich zurückzuziehen – in die Stille. Wenn wir das Gespräch mit Gott wagen. Über uns. Über Gott und die Welt. So machen wir auch neue Erfahrungen, Gotteserfahrungen, die uns verändern. Oder wir lassen uns ergreifen von einer Bach-Kantate, von einem Bild, wir lassen uns ein auf einen Menschen oder einen Text, und wir werden in der Tiefe unserer Existenz berührt. Da kann die Gotteserfahrung ganz plötzlich aufblitzen. Wir werden verwandelt, weil wir unser Leben, unsere Welt plötzlich neu verstehen. Ich möchte dazu ermutigen, sich der Gotteserfahrung zu stellen, die uns nicht abheben lässt, sondern geerdet ist in der Zuwendung, die Jesus Christus uns gezeigt hat.

16. MÄRZ

Die Liebe ist verletzlich, sie ist verwundbar – aber sie ist auch stärker als der Tod! In Jesus ist Gott sichtbar geworden – und diesem so offenbar gewordenen Gott dürfen wir vertrauen, an ihn glauben und uns ihm mit all unseren Verwundungen und Verletzungen anvertrauen. Gott ist verborgen, und mit der Rede vom Verborgensein Gottes kann diese Erfahrung des Fremdwerdens Gottes zur Sprache gebracht und dennoch der Glauben bezeugt werden, dass alles in Gottes Hand ist. Denn Gott ist nicht nur verborgen, sondern in der Liebe erfahrbar.

17. MÄRZ

Bei der Frage nach der Allmacht Gottes und dem Zulassen des Leidens auf dieser Welt haben wir keine besseren Antworten als Generationen vor uns. Mir liegt daran, dass wir nicht versuchen, exakte oder logische Antworten zu finden, sondern den Mut haben, uns Gott anzuvertrauen, im Wissen darum, dass Gott Leben will und nicht Tod. Es geht um das Vertrauen Jesu, das Lukas bezeugt: »Vater, ich befehle meinen Geist in deine Hände« (Lukas 23,46). Jesus hat aus dem Schrei der Gottverlassenheit zurückgefunden zum Gottvertrauen. Nein, das ist kein schneller Weg. Das ist ein Weg über Kreuz und Tod. Jesus geht offensichtlich mit Wunden in Gottes Reich – gerade an den Wunden erkennen die Jüngerinnen und Jünger den Auferstandenen. Darum geht es wohl auch bei uns. Unsere Wunden bleiben Teil unserer Geschichte. Sie können vernarben, aber nicht aus unserem Gedächtnis getilgt werden. Es gibt kein Leben ohne Brüche, ohne Narben. Und es ist gut, auch auf die Narben zu achten.

18. MÄRZ

Als Christinnen und Christen glauben wir, dass es nur eine Welt gibt, von Gott geschaffen, in der alle Menschen gleich viel wert sind. Ungerechtigkeit ist deshalb eine Schlüsselfrage der Gesellschaft, der Welt. Soziale Gerechtigkeit muss das Ziel der Globalisierung sein, anstelle des Denkens in den Kategorien von *Shareholder Value* und Börsengewinnen.

19. MÄRZ

Selig sind die Armen im Geist, das heißt: glücklich sind die, die ihr ganzes Vertrauen auf Gott werfen. Menschen, die sich nicht auf sich selbst, ihre Leistung, ihr Ansehen verlassen, sondern das eigene Leben ganz aus Gottes Hand nehmen.

20. MÄRZ

Jesus war in den letzten Jahren seines Lebens auf der Wanderung, ohne ein Familienleben, ohne geregelte Berufsausübung, gekennzeichnet durch Armut. Doch ich glaube, dass die Lebensformen sehr unterschiedlich sein können, in denen wir in seiner Nachfolge leben. Bei aller Unterschiedlichkeit wird eine Gemeinsamkeit allerdings immer sein: die Orientierung auf andere hin statt der Konzentration nur auf sich selbst.

21. MÄRZ

Gottes Kind sein – das wird auf der Erde gelebt und im Himmel vollendet. Die Gotteserfahrung verwandelt uns. Aber vor Ostern steht auch die Passion, die Erfahrung von Leiden, an die wir in der Fastenzeit denken. Vor Gottes Zukunft steht für uns die Erfahrung der Wirklichkeit von Welt. Mir ist das besonders wichtig am christlichen Glauben, dass er nicht einfach der Welt entflieht. Jesus hat selbst den Berg verlassen und das Tal durchschritten …

22. MÄRZ

Sie sind ein Ehepaar, das spät Kinder bekommt. Da lautet beim zweiten die bestürzende Diagnose: Down Syndrom. »Wir können es hier gleich wegmachen«, sagt der Arzt. Die werdenden Eltern aber wollen erst überlegen. Sie machen sich kundig per Internet. Und bleiben stur: Unser Kind soll auf die Welt kommen. Als er geboren wird, ist der Kleine zumindest körperlich völlig gesund. Mal sehen, was er entwickelt, welche Fähigkeiten in ihm verborgen liegen. Ein zum Glück erwünschtes Kind, ein Sohn ist uns geboren …

23. MÄRZ

Wir sind gerade hierzulande blind geworden für die Gottesfrage. Der Machbarkeitswahn beherrscht uns. Wir haben ein Recht auf ein gesundes Kind, suggeriert uns die Gentechnologie. Wir haben ein Recht, unseren Tod selbst zu bestimmen, erklären uns die Befürworter der aktiven Sterbehilfe. Ich und mein Leben, das ist der Mittelpunkt, das ist das Entscheidungskriterium, behauptet die Werbung. Die Frage nach dem Unverfügbaren wird verdrängt. Gott wird zur Formel für Schwächlinge; er ist doch nicht für die Macher. Aber im Grunde unseres Herzens wissen wir: Wir sind Geschöpfe. Wir haben unser Leben nicht selbst in der Hand. Wenn wir das einsehen würden, hätten wir auch den Mut, offen zu werden. Uns anzuvertrauen. Es gibt eine große Sehnsucht danach. Sehnsucht nach Glauben und Spiritualität. Und nach Vorbildern – wie der Familie zum Beispiel, die ja sagt zu ihrem behinderten Kind.

24. MÄRZ

Der ganze Machbarkeitswahn hat den Menschen noch lange nicht zu Gott werden lassen. So sehr sich die Welt über die Jahrtausende auch geändert hat: Am Anfang und am Ende des menschlichen Machtbewusstseins steht schlicht und ergreifend wie seit Jahrtausenden der Alltag: Kinder aufziehen und Broterwerb.

25. MÄRZ

Wir können uns zeigen als Gotteskinder in dieser Welt. Steht auf gegen den Hungertod und den Tod in den Folterkammern! Hört auch das Seufzen der Hühner, der Schweine, der geschundenen Tierwelt! Werdet zu Haushalterinnen und Haushaltern Gottes in der bedrohten Schöpfung! Nehmt eure Verantwortung wahr! Wer vor dem Tod nicht davonlaufen muss, kann engagiert für das Leben eintreten. Wer glaubt, bleibt nicht bei den Toten stehen, sondern weiß etwas von der Ewigkeit, kann etwas vermitteln von der Freiheit und Lebenslust, die der Glaube schenkt. Dass wir sprachfähig sind, von dem reden, was uns trägt und begeistert, wünsche ich mir.

26. MÄRZ

Das kleine Mädchen sagt angesichts der Muscheln auf meinem Teller: »Igitt, die haben doch mal gelebt!« Ich sage: »Aber dein Schnitzel, das hat auch mal gelebt.« Sie ist völlig überrascht: »Warum?« – Wir brauchen wirklich eine neue Ernährungsethik, die Produktion und Verbrauch wieder in einen Zusammenhang bringt, damit Essen nicht etwas ist, was ich so billig wie möglich kaufe, sondern Teil eines Kreislaufes von Säen und Ernten bleibt.

27. MÄRZ

Als ich zum ersten Mal am »Ground Zero« in New York war, konnte mich dieses merkwürdig anonyme Baggerloch in Manhattan nicht wirklich berühren. Erschütternd aber war die kleine provisorische Bretterwand, an der Blumen hingen mit Schleifen: »My son gave his life as a fireworker.« Oder eine Kinderzeichnung: »I love you Daddy!« Fotos von Söhnen, Müttern, Vätern – das war persönliches Leid. Wahrscheinlich ist das immer so: Das Leid der einzelnen Menschen geht uns nahe.

Massenhaftes Leiden ist zu anonym, es erschüttert uns, aber wir nehmen es nicht so wahr, dass es uns zu Herzen geht.

28. MÄRZ

Wo ist Gott? Das fragen wir vor allem angesichts des Leids – des eigenen und das des andern. Aber wir wissen: Gott selbst hat gelitten, und deshalb versteht er es, wenn wir Angst haben. Wir können uns Gott immer ganz anvertrauen. Gott ist nicht irgendwo in der Ferne, weit weg – wir dürfen vielmehr »Abba« zu ihm sagen. Das ist aramäisch, ein ganz liebevoller Begriff – bei uns vielleicht »Papa«. So dürfen wir mit Gott reden. Und mit Gott reden ist beten. Als Jesus gestorben ist am Kreuz, hat er genauso Gott angesprochen und sich Gott anvertraut. Wir glauben, dass Gott ihn dann gehalten hat, über den Tod hinaus. Dass der Tod also nicht das Ende von allem ist, sondern wir auch nach dem Tod bei Gott sind. Wo immer Gott ist, wir dürfen uns in jeder Lebenssituation vertrauensvoll an ihn wenden mit den Worten: »Abba, lieber Vater.«

29. MÄRZ

Die Auferstehung sagt: Gott will das Leiden in dieser Welt überwinden mit der Macht der Liebe allein. Die Liebe ist stärker als der Tod! Mit dieser Verheißung auf Gottes neue Welt leben wir.

30. MÄRZ

In Afrika wird gesagt, es gibt ein Verbrechen in der Wüste, das schlimmer ist als Mord: Zu wissen, wo eine Wasserquelle ist, und es den anderen nicht zu sagen. Das ist, glaube ich, eine Herausforderung für Christinnen und Christen in unserer Gesellschaft. Wir sollen davon reden, wie Gott uns trägt. Was Glaube bedeutet. Wie Jesus sich Menschen zugewendet hat. Dass Gottes Liebe über den Tod hinausgeht. Dass wir im Heiligen Geist eine Kraftquelle für unser Leben finden. Es geht wohl um den Mut, davon zu sprechen! Ich bin überzeugt: viele warten darauf …

31. MÄRZ

Weil Gott uns Lebenssinn zusagt, ganz gleich, wie leistungsfähig wir sind, wissen und erfahren wir, dass das eine Leben nicht weniger lebenswert ist als ein anderes. Das verletzte Leben ist bei Gott nicht weniger wert als das vor Gesundheit strotzende.

APRIL

1. APRIL

Ach, der Mensch darf einmal scherzen! Einander in den April schicken – das kann Spaß machen. In aller Ernsthaftigkeit tut es doch auch gut, mal loszulassen, zu ulken, den launischen Aprilmonat, der mal Sommer und mal Winter verspricht, zu imitieren. Eigentlich mag ich Aprilscherze und freue mich geradezu diebisch, wenn es mir gelingt, jemanden – kurz!! – in den April zu schicken. Allerdings staune ich, wie schnell ich selbst darauf hereinfalle … Das kann auch ganz schön nachdenklich machen.

2. MÄRZ

Maria wird es geahnt haben. Den Weg ihres Sohnes verstehen – das war nicht immer leicht für sie, die Mutter. Schon damals, als er geboren wurde, mitten in diesem Chaos, auf dem Weg zur Volkszählung. Diese eindrücklichen und besonderen Worte, die andere, Fremde über ihn, den Neugeborenen, sprachen und die sie in ihrem Herzen bewahrte. Und jetzt? Zu einer Art Star haben viele ihren Sohn erhoben. Menschen hängen an seinen Lippen und erwarten ganz Großes von ihm. Ist er sich überhaupt bewusst, wie viel er provoziert? Ist ihm klar, dass die Machtverhältnisse so eindeutig sind? Und dann wieder: Ein Revoluzzer ist er doch nicht! Er will die Welt verändern, gut, aber das wollen doch alle jungen Männer, oder? Allerdings hat er einen unerschütterlichen Glauben, ja, er buchstabiert den Glauben ganz neu. Und irgendwie ist es auch begeisternd, dass so viele ihn lieben, ihm zujubeln. Aber wie soll das enden? Macht will er doch gar nicht übernehmen. Dazu eignet er sich auch nicht! Er ist kein Politiker, er ist ein Prediger. Er redet von Gott, von der Liebe Gottes, und das in wunderbaren Gleichnissen und Bildern. Und doch, das weiß Maria wohl, viele erwarten Befreiung, Umsturz, Vertreibung der verhassten römischen Besatzer durch ihn. Welche Zukunft kann er denn haben? Es muss ja zum Zusammenprall kommen, sowohl mit der politischen römischen Macht, als auch mit den großen führenden Geistlichen in Jerusalem. Sie werden sich nicht gefallen lassen, dass ein kleiner Rabbi aus Nazareth sie so herausfordert, dass er so viel Erfolg hat.

3. APRIL

Am 3. April 1968 sagte *Martin Luther King:* »Schwierige Tage liegen vor uns. Aber das macht mir jetzt wirklich nichts aus. Denn ich bin auf dem Gipfel des Berges gewesen. Ich mache mir keine Sorgen. Wie jeder andere würde ich gern lange leben. Langlebigkeit hat ihren Wert. Aber darum bin ich jetzt nicht besorgt, ich möchte nur Gottes Willen tun. Er hat mir erlaubt, auf den Berg zu steigen ... Und deshalb bin ich glücklich heute Abend. Ich mache mir keine Sorgen wegen irgend etwas. Ich fürchte niemanden. Meine Augen haben die Herrlichkeit des Herrn gesehen.« Es sollte seine letzte große Rede sein. Am nächsten Tag, dem 4. April 1968, wurde Martin Luther King ermordet.

4. APRIL

Judas Iskariot ist keine beliebte Figur der Weltgeschichte! Er steht für den Verräter, der für Geld anscheinend alles tut. Ich habe das erste Mal anders über Judas nachgedacht, als wir in der 12. Klasse das Musical »Jesus Christ Superstar« im Musikunterricht besprochen haben. Judas ist der, der das erste Lied singt. Er ist voller Erwartung, voller Hoffnung, dass Jesus der ist, der alles ändern wird. Begeistert singt er seine Liebe, seine Verehrung, seine Hochachtung in die Welt. Und er warnt Jesus geradezu vor Selbstüberschätzung und dem Größenwahn einiger Anhänger. So, wie das Musical die Geschichte deutet, befürchtet Judas, dass die gemeinsame Sache leiden wird unter dem Erwartungsdruck. Ja, es scheint fast, als begehe er seinen Verrat an Jesus nur aus Liebe, und um ihn zu bewahren – nicht zuletzt vor den überhöhten Ansprüchen derer, die in ihm einen Erlöser, den Messias sehen, der politische Veränderung bringt. Dieses Musical hat mir Judas nähergebracht. Es zeigt ihn als einen, der verzweifelt ist, der beschützen will, der weiß, dass die vielen Erwartungen nicht einzulösen sind. Er sucht einen Ausweg. Judas hofft auf das, was Jesus sagt. Und er sieht doch, dass alles schiefgeht. Das Volk jubelt Jesus zu, aber Judas ahnt, wie schnell die Stimmung im Volk umschlagen kann. Heute sind sie begeistert, schon morgen werden sie rufen: »Kreuzige ihn!«

5. APRIL

Am Gründonnerstag denken wir an das letzte gemeinsame Essen, das für uns im Nachhinein so wichtig geworden ist. Jesus und die, die sich um ihn geschart haben, kommen zusammen, Jesus teilt mit ihnen zum letzen Mal vor seinem Tod das Brot und den Wein. Im Matthäusevangelium lesen wir: »Als sie aber aßen, nahm Jesus das Brot, dankte und brach's und gab's den Jüngern und sprach: Nehmet, esset; das ist mein Leib. Und er nahm den Kelch und dankte, gab ihnen den und sprach: Trinket alle daraus; das ist mein Blut des Bundes, das vergossen wird für viele zur Vergebung der Sünden.« Dieses gemeinsame Essen wird über Jahrtausende hinweg als Zeichen der Gemeinschaft erinnert werden. Überall werden sie zusammenkommen: Menschen in einem Slum in Djakarta und in einem Flüchtlingslager im Sudan, Menschen in den zerbombten Häusern von Grosny, AIDS-Kranke in Simbabwe und Menschen in Deutschland. Und das Abendmahl hat überall auf der Welt und schon immer eine soziale Herausforderung bedeutet, weil Arme und Reiche sich an einen Tisch gerufen wissen und damit auch in die Verantwortung füreinander. So wächst bei diesem Abendmahl Hoffnung, Hoffnung auf Zukunft, auf Frieden und Gerechtigkeit.

6. APRIL

Petrus – von ihm wird es später heißen, er sei der Fels, auf den Christus selbst die Kirche aufbaue. Und er ist ja ein glühender Verehrer, vom ersten Fischzug an. Er liebt Jesus, er möchte gerne derjenige sein, der ganz in der Nähe Jesu ist, sein Vertrauter. Dafür wünscht er sich Anerkennung. Aber als es wirklich eng wird, packt ihn doch die Angst. Er sieht das Ende offenen Auges auf sich zukommen. Jesus ist gefangen genommen. Jetzt wäre das große, flammende Bekenntnis gefragt. Doch der Typ des großen Bekenners ist Petrus in dieser Situation nicht. Im Matthäusevangelium lesen wir: »Da fing er an, sich zu verfluchen und zu schwören: Ich kenne den Menschen nicht. Und alsbald krähte der Hahn. Da dachte Petrus an das Wort, das Jesus zu ihm gesagt hatte: Ehe der Hahn kräht, wirst du mich dreimal verleugnen. Und er ging hinaus und weinte bitterlich.«

7. APRIL

Unter Schock werden sie gestanden haben, Maria von Magdala und die anderen, die Jesus gefolgt sind. Für sie wie für die anderen, die ihn begleitet haben, war der Freitag ein Schock. Große Hoffnungen hatten sie, glücklich waren sie, voller Zukunftsträume. Und dann das, das Schlimmste, was passieren kann. Das Ende. Grauen, Folter, Jesu Sterben. Der Tod. Maria war konsequent, sie war tapfer. Sie ist bis zuletzt dabeigeblieben, sie hat Jesus sterben sehen. Bei Matthäus lesen wir: »Und es waren viele Frauen da, die von ferne zusahen; die waren Jesus aus Galiläa nachgefolgt und hatten ihm gedient; unter ihnen war Maria von Magdala …« Ja, sie war da. Sie hat das Grauen gesehen. Wie verkraftet sie das? – Brauchen wir so brutale Bilder wie in *Mel Gibsons* Film »Passion«, um uns das vorzustellen? Ich denke, nein. Es geht nicht um die Details des Grauens im Sterben Jesu. Kein Film kann uns zeigen, wie er gestorben ist, keine Kamera war dabei. Nahaufnahmen seiner Qual sind nicht ausschlaggebend für den Glauben. Nein, es geht darum, dass er stirbt. Er, den sie für den Messias gehalten haben, er, den wir als Gottes Sohn sehen, er stirbt. Das ist eine Realität, mit der unser Glaube immer wieder ringt. Gott leidet. Gott leidet und stirbt. Danach folgt das Schweigen, die Leere am Karsamstag.

8. APRIL

Der Morgen danach. Drei Frauen, ein riesiger Stein, ein Engel und – die Angst. Drei Frauen: Maria, Salome und Maria von Magdala. Der Tag danach, der Tag, an dem die Leere zu einem tiefen, finsteren Loch wird. Es ist wahr, Jesus ist tot. Alle Hoffnung dahin, der Geliebte, der Freund, der Mann, der ihnen Hoffnung gegeben hat, wurde gekreuzigt wie ein Verbrecher. Der Tod scheint das Ende aller Hoffnungen zu sein. Und doch: die Frauen machen sich neu auf! Maria und Salome und Maria, sie haben das Dunkel durchwatet, und nun sind sie auf dem Weg in den Morgen. Diese Frauen haben die Geschichte getragen. Es sind Frauen, deren Liebe über alle Zerstörung, über alle Hoffnung hinausgeht.

9. APRIL

Ostern geht nicht ohne Jesus und nicht ohne Auferstehung. Ostern, das sind eben nicht nur Eier, Häschen, Küken, Osterfeuer und Osterwasser, sondern Ostern ist der Glaube daran, dass Gott unser Leben über den Tod hinaus hält. Wie das aussehen wird, das wissen wir nicht. Und darüber müssen wir auch nicht spekulieren. Aber wir dürfen darauf vertrauen, dass Gott uns bei unserem Namen gerufen hat und dieser Name bei Gott geborgen sein wird, auch wenn wir längst gestorben sind. Gerade das führt Christinnen und Christen nicht zur Weltflucht, sondern gibt uns die Freiheit, uns der Welt und ihren Herausforderungen zuzuwenden.

10. APRIL

Die Jünger – da sitzen sie nun hinter verschlossenen Türen. Was mich ja freut: sie sind nicht auseinandergestoben in ihrer Angst und Verwirrung. Mir ist das bis heute wichtig: Selbst da, wo wir nicht weiterwissen als Kirche, auch als Christenheit, bleibt unsere Religion eine Gemeinschaftsreligion.

Sie war's von Anfang an. Mit all unseren Macken, mit all unseren Fragen, mit all unseren Sorgen um die Zukunft der Kirche bleiben wir doch zusammen, suchen gemeinsame Wege. Das passt heute vielen nicht! Sie treten aus der Kirche aus, weil sie sich hier über einen Pfarrer, da über die Kirchensteuer ärgern. Mir tut das weh. So sehr ich auch sehe, dass es Fehler gibt – aber diesen Grundgedanken der Gemeinschaft dürfen wir nicht aufgeben.

11. APRIL

»Friede sei mit euch«, sagt der auferstandene Christus. Das heißt für mich, dass ich einen Einklang finden kann zwischen meiner äußeren Fassade und dem, was ich bin, wer ich wirklich bin. »Friede sei mit euch« heißt, dass ich mit meinen Kindern und Eltern, mit meinen Freundinnen und Freunden, mit Bekannten offen sein kann, über Fehler und Schwächen sprechen kann und mich auch öffnen kann dafür, dass ich vielleicht auch Trösterin oder Tröster bin, der starke Arm, den manche brauchen.

12. APRIL

Was ermutigend ist: Jesus schickt gerade die Zweifler, die Ungläubigen, die Ängstlichen in die ganze Welt, um vom Glauben zu sprechen. Das finde ich nun geradezu unglaublich! Diese Fischer und Huren und Zöllner sind nun gerade keine so ganz überzeugenden Leitfiguren. Bei jedem Casting würden sie durchfallen. Keine Sonnyboys, keine Glamourgirls, keine Erfolgsfiguren. Aber sie werden geschickt in alle Welt, um von der guten Nachricht zu erzählen, von der Überwindung des Todes, um zum Glauben zu rufen und zu taufen. Das kann doch jeden und jede von uns nur ermutigen. Auch wir mit unseren Ecken und Kanten, wir mit unseren Zweifeln und unserem Unglauben werden geschickt, Spuren des Reiches Gottes zu legen. Wir können in diese Welt gehen und weitersagen: Er ist auferstanden, er ist wahrhaftig auferstanden.

13. APRIL

Von Anfang an war es der Auferstehungsglaube, der Christinnen und Christen anstößig gemacht hat und für sie anstößig geblieben ist. Bis heute wird die Auferstehung bestritten, spielt sich in vielen Herzen Zweifel ab. Ich kann nicht sagen: »Nun reiß dich zusammen und glaube!« Gerade mit Blick auf die Auferstehung wird deutlich: Glaube ist nichts anderes als Vertrauen. Ich kann mich Gott ganz und gar anvertrauen, mein Leben von Gott gehalten wissen. Ich darf Gott so vertrauen, dass ich glauben kann: Gott hat mich bei meinem Namen gerufen hat, bevor ich zur Welt kam, und wird meinen Namen kennen auch nach dem Tod.

14. APRIL

Kreuz und Auferstehung sind Symbole für die von Gott angebotene Beziehung der Menschen zu Gott selbst. Versöhnung ist die Zuwendung Gottes zu den Menschen, die in Schuld und Versagen verwickelt sind. Die Zuwendung zu den Menschen im Leiden und im Sterben. Sie begründet die Hoffnung auf eine Zukunft in Gottes Hand, die schon heute beginnt.

15. APRIL

Eine neue Entwicklung bringt oft beides mit sich: Segen und Fluch. Wer nur noch surft und simst, aber mit niemandem reden kann, wird sehr einsam und verliert etwas von dem, was Menschlichkeit ausmacht. Wer aber meint, sich von allem fein säuberlich fernhalten zu können, dem geht ein Stück Realität verloren. Wie heißt es so weise in der Bibel: »Prüfet alles, und das Gute behaltet.« (1 Timotheus 5,21)

16. APRIL

Ein Dauerthema in den Talkshows am Nachmittag ist Vaterschaft. Entweder: »Welcher von beiden ist der Vater?« Oder: »Ich suche meinen Vater!« Da gibt es diese Sehnsucht in uns, dass jemand sich zu uns bekennt. Dass einer sagt: Das ist mein lieber Sohn, meine liebe Tochter. Keine Angst, ich will das nicht übertragen auf Gott. Oder doch? Gott bekennt sich zu uns. Gott sagt: Du bist mein Kind. Selbst wenn andere dich verachten, ich stehe zu dir. Die Gottessohnschaft Jesu ist einzigartig, gewiss. Aber er hat sie uns weitergegeben: Wir dürfen Gottes Kinder sein. Gottes Sohn. Gottes Tochter. Und das ist schon etwas Besonderes. Wir können Gott als Vater verstehen. Und auch als Mutter.

17. APRIL

Die Hoffnung, die uns trägt, ist die Osterhoffnung. Es ist die Hoffnung, dass Gott die Welt nicht allein gelassen hat. Es ist nicht ein Gott, der irgendwo in fernen Welten sitzt und distanziert-kühl beobachtet, was vonstatten geht. Es ist auch nicht der Gott, der Marionetten tanzen lässt. Nein, es ist der Gott, der als Kind in die Welt kam und sich verletzlich machte bis zum eigenen Tod. Der Tod Gottes aber ist nicht das Ende der Geschichte, sondern der Anfang. Das ist tatsächlich eine Hoffnung, die wir nicht sehen. Und darum geht es beim Glauben.

18. APRIL

Ja, jeder Mensch ist fehlbar. Keine von uns ist perfekt. Die Sünde, das sind aber nicht unsere kleinen Fehler, wie sie von Prominenten in der Presse so gern ausgebreitet werden. Der sündige Minister, der Fehltritt der Schauspielerin, so etwas taugt immer für eine reißerische Story. Nein, Sünde ist etwas ganz anderes. Da geht es darum, dass ich meine, mein Leben selbst definieren zu können, dass ich mich zum Maßstab mache: Ich weiß, was Gut und Böse ist. Ich bin der Macher, die Macherin. Sünde ist, dass ich denke, ich verdanke mich mir selbst und meiner Leistung. Sie ist Gottesferne, nahezu flächendeckend erkennbar heute. – Wer sich ganz und gar Gott anvertraut mit allen Fehlern, Schwächen, wer sich schonungslos anschauen kann, kann frei werden von Sünde. Der weiß: Ich mache Fehler, ich habe Schwächen, ich bin nicht perfekt, und trotzdem sieht Gott mich an und sagt: Dein Leben hat Sinn.

19. APRIL

Die Geschichte von der bevorstehenden Steinigung einer Ehebrecherin im Neuen Testament ist ein aufrüttelnder Text. Sie zeigt eine Frau, die einen Fehler begangen hat. Ganz offensichtlich. Aber wer wüsste nichts von Fehlern im eigenen Leben? Das mag ein Ehebruch sein, die Sehnsucht, nach Jahren einer Ehe etwas ganz Neues zu erfahren, neue Liebe, Zärtlichkeit, Zuwendung zu erleben. Dieser Sehnsucht kann eine Frau erliegen ebenso wie ein Mann. Beim Bibeltext fällt mir auf: Wo ist eigentlich der Mann in dieser Geschichte? Nicht nur sie hat ja die Ehe gebrochen, sondern auch er – Ehebruch ist ja nun nicht die Sache von einer Person allein. Und müsste das Gesetz nicht auch für ihn die Todesstrafe verlangen? Doch davon ist keine Rede. Merkwürdig? Wer hat sich da eigentlich mit wem solidarisiert? Warum steht er der Frau nicht zur Seite? – Aus Feigheit? Warum wird er nicht verurteilt? – Ein Männerbündnis?

20. APRIL

Wie mag sie sich gefühlt haben, diese namenlose Frau, die – so erzählt es die Bibel – von einer aufgebrachten Menge vor Jesus gebracht wird? Gedemütigt. Die Intimsphäre dem öffentlichen Licht preisgegeben. Angst und Zittern vor dem grausamen Tod, der ihr droht? Vielleicht hat sie auch Verachtung gespürt diesen Rechthabern gegenüber, die bestimmen, was Gut und Böse ist. Und die doch selbst, wenn sie ihr eigenes Leben anblicken, wissen, dass sie auch schon eine andere Frau begehrt haben. Die vielleicht auch die Sehnsucht kennen, etwas anderes zu wagen. Mancher, der sich nicht getraut hat, mancher, der sich von Konventionen hat leiten lassen. Duckmäuser, Rechthaber mit der Arroganz der Macht. Es ist oft so viel leichter, über andere hart zu urteilen, als die eigenen Schwächen und Versuchungen anzusehen.

21. APRIL

Es ist die Wahrheit, mit der Jesus provoziert. All die Rechthaber, die Hüter des Gesetzes, die selbst ernannten Tugendwächter leben davon, sich hinter schönen Fassaden zu verstecken. Was Jesus sagt, reißt die Fassaden herunter. Wenn ich Gott gegenüberstehe, dann geht es unter vier Augen um die Wahrheit: So sieht mein Leben aus. Da stehe ich. Sich so zu offenbaren ist ein Wagnis.

22. APRIL

»Und sieh, ob ich auf bösem Wege bin, und leite mich auf ewigem Wege.« (Psalm 139) Ob Gott das kann, uns von falschen Wegen zurückbringen auf Wege, die Sinn machen, die aufbauen? Ich denke, ja. Aber davor ist die Frage vielleicht, ob wir Gott das Urteil zutrauen über unsere Wege, ob wir selbst bereit sind zu sagen: An der letzten Kreuzung bin ich offensichtlich falsch abgebogen.

23. APRIL

Und führe uns nicht in Versuchung. Gib, dass wir nicht in Versuchung geführt werden. Wir wissen doch um die vielen Versuchungen. Zu lügen, zu stehlen, nur das Eigene zu sehen, diese Ich-Welt, in der wir leben, für alles zu halten. Und wir wissen seit Adam und Eva, wie leicht verführbar wir sind.

24. APRIL

Wir müssen lernen, mit Schuld und Versagen zu leben. Die meisten Menschen versuchen, sie zu übergehen, zu ignorieren, wegzudrücken; ich bin überzeugt, das rächt sich irgendwann. Gerade als Christinnen und Christen können wir doch auch unser Scheitern ansehen, bewusst damit umgehen, es vor Gott bringen. Nicht nach dem Motto: Schnell gebeichtet und alles ist vergessen. Nein: im Vertrauen darauf, dass wir uns vor Gott nicht verstellen müssen – und können. Und dass Gott auch vor dem Scheitern nicht den Blick abwendet und uns einen neuen Anfang schenken will.

25. APRIL

Wo Gottes Geist wirkt, entstehen Vertrauen und Liebe, Zuversicht und Glaube, Ermutigung. Daran können wir ihn erkennen. Die »Geister unterscheiden« ist schon in der Bibel eine wichtige Angelegenheit. Ein Unterscheidungskriterium ist immer wieder, ob etwas dem Aufbau dient oder der Zerstörung, ob ein Geist Menschen erschrecken und klein machen will oder als Gottes Geist Menschen stärkt.

26. APRIL

Tschernobyl – ein Name, der 1986 für Angst und Schrecken sorgte. Strahlen, unsichtbare Gefahr im Gras, im Sand, im Obst. Schnell, allzu schnell wurde das vergessen. Ließ man es uns vergessen. Aber auch der Hunger nach Energie kann solche Gefahren und solches Vergessen nicht rechtfertigen. Das hat sich im Frühjahr 2011 gezeigt: Fukushima hat schließlich zur Kehrtwende in der Politik geführt. Es geht also auch anders!

27. APRIL

Die Geburt eines Kindes ist ein wunderbares Ereignis. Sie ist für viele Menschen ein Sinnbild von Glück. Aber auch das andere stimmt: Die Geburt eines Kindes ist ungeheuer irritierend, sie bringt das Leben durcheinander. Da wird eine Frau zur Mutter, ein Paar wird zu Eltern. Neben dem ungeheuren Glücksempfinden nach der Geburt eines Kindes kann eben auch dieser Schock kommen. Angebunden sein für den Rest meines Lebens – oder doch zumindest für die nächsten zwanzig Jahre! Keine ruhige Nacht mehr: am Anfang, weil die Kinder vor Hunger oder Unbehagen schreien, später, weil sie wegen Schulängsten nicht einschlafen können und schließlich, weil sie nicht pünktlich von der Party nach Hause kommen. Der Schreck vor der eigenen Festlegung durch Elternschaft kann tief sitzen: Warum hat uns das keiner gesagt?

28. APRIL

Ein Autoproduzent versucht, seine Produkte mit klassischen Liebesgedichten zu verkaufen – das ist nicht nur einer der üblichen harmlosen Werbegags, sondern übersetzt die personale Beziehungsebene zwischen zwei Menschen auf technisch Produziertes. Das ist doch ein Trauerspiel. Natürlich ist das alles nicht ganz ernst gemeint, aber dennoch bleibt ein schaler Geschmack zurück. Um welches Goldene Kalb tanzen wir?

29. APRIL

Sind wir uns eigentlich klar darüber, dass unser Leben begrenzt ist? Und macht das Bewusstsein, dass wir alle sterben müssen, der Dauerwitzigkeit gerade im Fernsehen irgendwie ein Ende? Wir haben einen begrenzten Zeitraum zu leben. Ich bin überzeugt, dass es tatsächlich eine Rechenschaftspflicht Gott gegenüber gibt, dass wir verantworten müssen, wie wir leben. Haben wir unser kleines Teilstück Leben so gelebt, dass wir es Gott zurückgeben können und sagen dürfen: Ich habe versucht, das Beste daraus zu machen? Nein, wir müssen nicht gleich die ganze Welt verändern. Aber wir können mitarbeiten an einer Welt, die es täglich zu verbessern gilt.

30. APRIL

Aufmerksam mitgehen: den Jammer sehen, der Gott ergreifen muss, wenn er diese Erde anschaut. So viel Einsamkeit, so viel Not, so viel sinnloser Tod, so viel Zerstörung, so viel verpfuschtes Leben, so viel verschenkte Kraft … Doch wenn wir aufmerksam mitgehen mit Gott, wird uns das nicht in Depressionen über den Zustand der Welt stürzen. Vielmehr wird die Liebe, die wir erkennen, die Liebe, mit der Gott uns ansieht, Kräfte in uns selbst freisetzen, Kraft zur Versöhnung und Kraft zur Veränderung.

MAI

1. MAI

Tag der Arbeit. Hochsymbolisch für ein grundlegendes Problem unseres Wirtschaftssystems ist der Zusammenhang zwischen Massenentlassungen und dem Steigen von Börsenkursen geworden. Es ist für den »normalen« Menschenverstand nicht zu begreifen, wieso die Entlassung von 5000 Mitarbeitenden als Wertsteigerung für einen Konzern gebucht werden kann und auf diese Weise zum Steigen der Börsenkurse führt. Die Abschreibung einer Fabrikanlage oder von 50 Computern dagegen wird als Verlust gebucht. Auch ökonomisch leuchtet mir die Logik dieser Vorgänge nicht ein. Durch Entlassungen wird ja der Wert des »Humankapitals«, des entlassenen Kollegen, der Kollegin vernichtet. Wo taucht eigentlich eine Bilanz dieser Kapitalvernichtung auf? An der Börse jedenfalls nicht! Der frühere Vorstandsvorsitzende der Lufthansa, Wolfgang Mayrhuber, hat ganz wunderbar formuliert: »Mitarbeiter zu entlassen, ist kein Ausdruck von Kompetenz.« Das ist sicherlich richtig. Rechnen wir es auf die Gesamtgesellschaft bezogen, kosten Entlassungen doch einfach viel zu viel.

2. MAI

Wo ist Gott? Gott ist bei den kleinen Leuten, die Angst haben und nicht mehr weiterwissen. Es gibt viele Versuche, den unsichtbaren Gott zu beschreiben. Aber manchmal, da spüren wir auch einfach, dass Gott uns umgibt. Wie ein Engel sozusagen, der uns die Hand reicht. Auch das weiß die Bibel. Mancher Psalm beispielsweise ist ein uraltes Lied, das davon spricht: Gott ist unbegreiflich – und umgibt uns, wo immer wir sind.

3. MAI

Wir sind auf die Erde gewiesen. Hier gilt es, sich zu bewähren, Spuren des Reiches Gottes zu legen. Aber: Wir sind nicht nur der Erde verhaftet, unser Blick geht über sie hinaus. »Reich Gottes« bedeutet eine ungeheure Horizonterweiterung, die uns zeigt: Was wir sehen und erkennen ist nicht alles.

4. MAI

Unsere Gesellschaft ist auf die Kirche geradezu angewiesen, weil sie in aller Kurzlebigkeit ein langes Gedächtnis bewahrt. Sie liest und hört dieselben Geschichten seit 2000 Jahren nun wieder und wieder. Immer neu wird davon geredet, dass ein Sohn sich vom Vater abwendet und wieder aufgenommen wird, dass ein Ausländer einem am Boden Liegenden hilft, dass Jesus sich mit der fremden Frau am Brunnen unterhält. Und erstaunlicherweise sind diese Geschichten so grundlegend, dass sie in Konstantinopel im 4. Jahrhundert erzählt werden, in Assisi zur Jahrtausendwende, in Ostfriesland im 13. Jahrhundert und in Rio de Janeiro im 21. Und sie werden nicht nur erzählt: Die Menschen verstehen diese Geschichten und leben mit ihnen, täglich berühren sie auch uns neu.

5. MAI

Wie sagt der große Forscher *Albert Einstein:* »Es gibt weder große Entdeckungen noch wahren Fortschritt, solange noch ein unglückliches Kind auf der Welt ist.« Ist das wirklich zu simpel für uns? Oder ist es nicht vielmehr so, dass wir uns nicht trauen, uns diesen Fragen zu stellen? Jesus jedenfalls hat in jedem Gottes Kind gesehen. »Herr erbarme dich«, das heißt auch: Gott gibt uns Kraft, unverdrossen für Gerechtigkeit einzutreten, für das Recht auf Bildung, Nahrung, Obdach, Arbeit, Würde jedes Menschen hier und in der ganzen Welt.

6. MAI

Es ist nicht alles gut, wenn so viele Kinder arm sind im eigenen Land. Diese Kinderarmut versteckt sich oft ganz still im Hintergrund. Da erzählt mir eine Mutter, dass die Klasse ihres 15-jährigen Sohnes einen Auslandaufenthalt geplant habe. Sie konnte das erforderliche Geld nicht aufbringen. Die Klasse wollte ihn unbedingt dabeihaben und gemeinsam haben sie das notwendige Geld aufgetrieben. Aber der Sohn wollte nicht mitfahren, weil er sich zu sehr geschämt hat, dass andere für ihn bezahlen. Selbst als der Lehrer anrief, ließ sich ihr Sohn nicht umstimmen. Er blieb als Einziger zu Hause.

7. MAI

Haben Sie schon einmal versucht, mit vier Kindern in ein Restaurant essen zu gehen? Niemand wird große Lust haben, Ihnen einen Platz anzubieten. Man sieht den Gesichtern an, was die Menschen denken: Ob die genug Geld haben, die Rechnung zu bezahlen? Die Kinder werden sich schlecht benehmen und die Gäste an den Nachbartischen stören. Sicher werden die Kinder doch nur alle Pommes essen. Hinterher wird der Tisch aussehen wie ein Schlachtfeld. Also sind Fast-Food-Restaurants der Ausweg? – Wie geht unsere Gesellschaft, wie gehen wir mit Kindern um? Welchen Wert misst sie Familien mit Kindern bei, welche Wertschätzung bringt sie ihnen entgegen?

8. MAI

Was brauchen Kinder? Zuwendung, Regeln, Liebe, Unterstützung, Klärungen. Ja, sie brauchen Gene und Meme! Ein afrikanisches Sprichwort sagt: »It takes a village to raise a child« – Es braucht ein ganzes Dorf, um ein Kind großzuziehen. Das muss unsere Gesellschaft neu lernen! Ja, Eltern schenken die Gene. Sie legen auch Glaubensfundamente, vermitteln Werte und eine Lebenshaltung. Das ist eine ungeheuer große Verantwortung. Eine enorme Leistung. Und eine wunderbare Aufgabe. Aber auch die Menschen ohne Kinder oder die Älteren, die schon Kinder erzogen haben, leisten einen unschätzbaren Beitrag. Die »Meme« – die Kultur, das Gedächtnis, die Bildung einer Gesellschaft sind hiermit gemeint.

9. MAI

Wenn Sicherheiten verlorengehen, brauchen wir eine Herzensbildung, Bildung für das Leben, Rituale, Geschichten, Gebet. Dann zählen Glaube, Liebe, Hoffnung, diese drei. »Aber die Liebe ist die größte unter ihnen«, sagt der Apostel Paulus. Die Liebe, die wir als Eltern einem Kind gegeben haben, ist entscheidend für seinen weiteren Lebensweg. Die Zuwendung, die wir als Nachbarin oder Lehrer, als Ausbilderin oder Pastor, als Erzieherin oder Pate in ein Kind investiert haben, sie ist eine Investition in die Zukunft.

10. MAI

Viele Eltern delegieren die religiöse Erziehung an die Kindertagesstätte oder die Schule oder sagen schlicht: »Mein Kind soll selbst mal entscheiden, welche Religion es haben will, ich habe damit nichts zu tun.« Aber ein Kind muss doch erst eine Religion kennen lernen, um sich dann eines Tages dafür oder dagegen entscheiden zu können. Es einfach ohne Antwort zu lassen, die Erziehung in Sachen Religion zu delegieren, ist inakzeptabel, finde ich. Mit einem Kind und Jugendlichen diesen Gesprächsfaden der existenziellen Fragen aufzunehmen, das ist eine wunderbare Erfahrung, für alle, die erziehen. Denn so eine Frage nach Leben und Tod, nach Gott und der Welt, die lässt sich ja nicht mal eben schnell beantworten. Sie ist der Beginn eines gemeinsamen Nachdenkens, eines Weges von Fragen und Zweifeln, von Suchen und Finden. Und manchmal lassen sich dabei wohl auch die alten Geschichten neu entdecken, miteinander lesen.

11. MAI

Schon *Martin Luther King* wusste, dass Taten gesühnt werden müssen – und dass Gewalt nicht der Weg dazu ist. Das Reich Gottes ist die Hoffnung und die Erfahrung der Menschenfreundlichkeit unseres Gottes … Von Bischof *Desmond Tutu* aus Südafrika habe ich gelernt: Versöhnung ist nur möglich, wenn die Opfer ihre Geschichten erzählen können, wenn sie gehört werden und die Täter ihre Schuld offen bekennen. Das gilt wohl im Kleinen wie im Großen.

12. MAI

Gegen die Realität der Gewalt werden das Zeugnis Jesu und die Vision des Reiches Gottes immer antreten. Sie zeichnen eine Zukunft, in der die Tränen abgewischt werden und der Tod nicht sein wird. In der Männer und Frauen und Kinder gewaltfrei miteinander leben. In der die Sehnsucht nach dem Fest der freien Menschen Raum greift. Eine Zukunft, in der nicht einer die andere verurteilt, beurteilt, weiß, was Recht ist, sondern in der Menschen ein Fest miteinander feiern …

13. MAI

Wer Gott vertraut, weiß, dass Wirklichkeit mehr ist, als das, was wir vor Augen haben. Im persönlichen Gebet oder auch im Gottesdienst finden wir Zugang zu Gottes Wirklichkeit.

14. MAI

Wer glaubt, kann gelassener werden. Und auch diese elende Angst ablegen, stark sein zu müssen, sich zu beweisen. Vielleicht auch aufhören, immer woanders das Bessere zu suchen – in einem anderen Land, mit einer anderen Frau, bei einem anderen Job. Es geht darum, unser Leben zu ordnen in all dem Durcheinander. *First things first.* Hier bin ich heute an diesem Frühsommertag und stehe vor Gott. Was ist wirklich wichtig? Es geht um einen Lebensstil, der sich frei macht von der Vorstellung, wir könnten durch Kaufen Sinn finden. Gewiss, ich kaufe auch gern etwas Schönes. Aber das ist zweitrangig. Wir brauchen Mut, zu schauen, das Gute zu sehen, das uns umgibt, und die Belastungen zu tragen, denen wir nicht ausweichen können.

15. MAI

Unsere Art von Konsum macht die Welt kaputt. Wir können nicht so tun, als hätte uns das niemand gesagt. Und dennoch heißt es: Die Wirtschaft lässt sich nur durch Konsum ankurbeln. Da sagt mir der Händler: Das ist Schwachsinn, den kaputten Toaster zu reparieren, ein neuer kostet die Hälfte. Und ich habe einen neuen Toaster gekauft, klar. Und dabei weiß ich sehr gut, dass das falsch ist … Gegen die Ökosteuer auf Benzin wurde gehupt und protestiert, ein Automobilclub fordert ihre Abschaffung – und doch wissen wir alle, der Verkehr wird uns ersticken, das Klima verändert sich bereits, die Hautkrebsrate steigt. Wagen wir es, die Augen zu öffnen?

16. MAI

Selig, die hungern und dürsten nach Gerechtigkeit. Die den Hunger danach, dass es andere Verhältnisse geben kann auf der Welt, nicht verloren haben. Dass Menschen satt werden können, dass alle genug zum Leben haben, ein Dach überm Kopf, einen Arzt, eine Schule.

17. MAI

Himmelfahrt – dieser Tag hat auch in der aufgeklärten postmodernen Gesellschaft eine Bedeutung. Die Welt ist nicht verloren. An Christi Himmelfahrt wurde die tiefe Sehnsucht nach dem Reich Gottes in die Herzen der Menschen eingepflanzt. Und von Anfang an ist klar: Das führt eben gerade nicht zur Weltflucht, sondern ermutigt, da, wo wir sind, das Beste zu geben.

18. MAI

Es gibt Himmelserfahrungen auf der Erde, kleine und größere. Erfahrungen von Trost und Befreiung, von Liebe und Glück, von Gerechtigkeit und Frieden. Die Bilder von Gottes Zukunft vertrösten uns gerade nicht auf ein vermeintlich besseres Jenseits, sie sind kein Opium, mit dem wir uns betäuben, betäuben lassen gegenüber Not und Unrecht auf dieser Welt. Die Himmelsleiter, von der Jakob träumt, sie ist fest auf der Erde verankert.

19. MAI

Ich wünsche mir ein Leben, das von Visionen und Träumen lebt. Das weiß, dass wir die Welt gestalten können und sollen. Ein Leben mit kritischem Blick ohne Angst vor Umkehr. Gott hat uns die Erde anvertraut, sie zu bebauen und zu bewahren. Jesus Christus hat uns gezeigt, wie wir in der Nachfolge Welt gestalten können und unser privates Leben Sinn erfährt. Dem Christentum mit dem Ruf zur Umkehr und gerade dem Protestantismus wird ja oft Lebenslust abgesprochen. Aber ich denke, das ist eine völlige Fehleinschätzung. Gerade weil wir wissen, dass Gott uns unser Leben schenkt, dass Gott uns Neuanfang immer wieder zusagt, dass wir uns ganz und gar Gott anvertrauen dürfen, gerade deshalb dürfen wir eine ungeheure Lust zum Leben haben. Wir können Mut zum Handeln finden, weil unser Leben seinen Wert nicht aus dem Gelingen, der Leistung schöpft, sondern aus Gottes Lebenszusage. Weil wir eben auch nicht zwanghaft am Leben hängen müssen, sondern wissen, dass wir auch über dieses Leben hinaus bei Gott gehalten und getragen sind.

20. MAI

Dein Wille geschehe wie im Himmel so auf Erden – Wie gerne sagen wir immer: mein Wille geschehe. Es soll gehen, wie ich denke. Aber das geht in die falsche Richtung. Dein Wille, nicht mein Wille. Das ist ein ungeheures Korrektiv für uns. Manches, was wir uns wünschen, wonach wir uns sehnen, sieht anders aus, wenn wir nachfragen, was wohl Gottes Wille ist.

21. MAI

Unsere Gesellschaft hat Gott aus dem Blick verloren. Die Menschen glauben, die Macher ihres eigenen Lebens zu sein. Die Gentechnologen gaukeln uns vor, wir hätten ein Recht auf ein gesundes Kind und könnten 150 Jahre gesund leben. Die aktiven Sterbehelfer erklären uns, wir hätten ein Recht auf die Bestimmung des Zeitpunkts unseres Todes und darauf, ihn dann auch klinisch sauber durchzuführen. Aber tief im Inneren ahnen die meisten Menschen, dass es etwas Unverfügbares gibt. Dass das Wesentliche nicht machbar ist. Dass es Gott gibt.

22. MAI

Wer eine Gotteserfahrung macht, sieht Gott und sich und die Welt meistens mit einem Mal verwandelt, verklärt, in einem neuen Licht. Wir sehen die Welt durch die Augen des Glaubens, von dieser Erfahrung her. Warum Leid, warum Angst, warum Krieg? Wie kann Gott das zulassen? Wir können die Niederungen des Lebens nicht einfach verlassen. Aber: nur wer sich auf den Berg wagt, kommt aus der Ebene des Alltags heraus. Wir bekommen Abstand im Blick auf unser Leben, unsere Welt. Die himmlischen Begegnungen nähren unsere Seele für die Tal-Erfahrungen. Sie werfen ein neues Licht auf die Welterfahrung. »Da berühren sich Himmel und Erde, dass Frieden werde unter uns.«

23. MAI

Wer gerne wandert, weiß: eine Gipfelerfahrung ist etwas Wunderbares! Aber sie ist nicht von Dauer. Das ist eine Erfahrung für das Leben: Die Hochzeit beispielsweise ist angeblich der schönste Tag im Leben. Aber nicht jeder Tag ist Hochzeitstag, es folgt der Alltag der Ehe. Oder: Die Geburt eines Kindes ist ein Gipfelerlebnis für die meisten Eltern, Glück pur. Aber dann kommen die durchwachten Nächte. Und das gilt auch im Berufsleben: der Schulabschluss, der Berufsabschluss, ein Erfolg – das kann und soll gefeiert werden. Aber das Fest ist nicht der Alltag, es ist die Ausnahme. Nach dem Ausblick auf dem Gipfel müssen wir zurück ins Tal.

24. MAI

Menschen sind voller Forschergeist. Und die Technik als Errungenschaft der Menschen gibt uns die Chance, die zerstörerischen Kräfte der Natur zu zähmen, Gefahren abzuwenden, Gesundheit zu erhalten. Aber es gibt auch menschlichen Forscherdrang, der sich selbst an die Seite des Schöpfers setzen will und zerstörend wirkt. Ja, es gibt Technik, die Lebensgrundlagen von Mensch und Natur vernichtet. Um die rechte Unterscheidung zwischen lebenserhaltender, lebensfördernder und zerstörerischer Technik müssen wir ringen.

25. MAI

Eigenverantwortung an sich ist nicht schlecht, und auch Leistung ist ein positiver Wert. Es muss aber eine solidarische Grundabsicherung in einer Gesellschaft geben für die großen Gefährdungen im Leben: Krankheit, Arbeitslosigkeit, Behinderung, Alter. Gerechtigkeit im biblischen Sinne hat zum Maßstab die Situation der Schwächsten im Land. Unser Maßstab sind deshalb die allein Erziehenden, die Obdachlosen, die auf Sozialhilfe angewiesenen Kinder, die Migrantenfamilien. Von dieser Perspektive her müssen wir uns kritisch mit den Reformnotwendigkeiten auseinandersetzen. Wir können sie bejahen, es gilt, Wege in die Zukunft zu suchen, aber sie dürfen das soziale Gewebe in unserem Land nicht zerstören.

26. MAI

Eine Zelle in einer Polizeidienststelle in Hannover. Abschiebehaft. Die Frau wirkt völlig apathisch. Schließlich findet die Pastorin heraus, dass sie Kinder hat, die von ihr getrennt wurden, als die Polizei frühmorgens kam. Sie wurden in ein Kinderheim gebracht. Über einen Dolmetscher kann ein Telefongespräch arrangiert werden und schließlich ein Treffen mit den Kindern. Die Mitarbeiter der Abschiebehaft geben sich große Mühe. Aber die Frau und ihre Kinder verstehen nicht, was los ist, sie kennen unsere Sprache nicht und unser Recht … Was ist für sie Gerechtigkeit?

27. MAI

Beim »Browsen« im Internet erfährt der Mensch über den Heiligen Geist und Pfingsten das eine oder andere – vor allem auch, dass es um einen Feiertag geht, an dem der Mensch reisen kann. Und für diese Pfingstreisen gibt's natürlich Angebote auf dem Markt. Für Christinnen und Christen geht die Reise wohl doch »back to the roots«, zurück zu den Wurzeln – und das ist die Bibel. Die Jüngerinnen und Jünger waren an Pfingsten zusammengekommen und erlebten plötzlich ein großes »Brausen«, so steht es da. Und alle redeten und jeder hörte, was gesagt wurde, in der eigenen Muttersprache, ja, jeder und jede konnte verstehen, was gesagt wurde.

28. MAI

Pfingsten passiert etwas Besonderes. Plötzlich ist allen klar: doch, er lebt. Gott ist ja gar nicht gestorben ein für alle Mal. Nein, Gott zeigt uns, dass er den Tod kennt, aber er ist lebendig mitten unter uns. Das Leben siegt. Er ist auferstanden. Und aus den Fischern und Huren und Zöllnern und Schreinern bricht es heraus: Gott ist da, Gott sagt unserem Leben Sinn zu. Genau wie Christus es versprochen hat, begleitet uns Gott auf unserem Weg. Der Heilige Geist gibt uns Kraft zum Leben und Mut zum Sterben.

29. MAI

»Führe ich gen Himmel, so bist du da; bettete ich mich bei den Toten, siehe, so bist du auch da.« (Psalm 139) Mir behagt der Gedanke, dass Gott da ist, wo immer ich bin. Nicht tiefer fallen können als in Gottes Hand, nicht höher steigen können, das ist eine wunderbare Erfahrung von Zuverlässigkeit, von Umhüllung. Und weiter heißt es: »Denn du hast meine Nieren bereitet, und hast mich gebildet im Mutterleibe. Ich danke dir dafür, dass ich wunderbar gemacht bin; wunderbar sind deine Werke. Das erkennt meine Seele.« Schon vor der Geburt von Gott erkannt sein, eine Seele, die überdauert, was wir mit Geborenwerden und Sterben erfahren. Das verändert meinen Blick auf das Leben!

30. MAI

Manchmal halten wir so viel Wirklichkeit nicht aus. Ja, es ist auch unbequem, nein beunruhigend, von solcher Blindheit geheilt zu werden. Wenn wir wirklich hinsehen, sind wir nämlich gedrängt, etwas zu unternehmen – und das macht nicht immer beliebt.

Ich rufe ja gar nicht auf, gleich die ganze Welt zu verändern. Das kann niemand allein schultern. Aber wir können sie verbessern. Und wir müssen uns den Blick offen halten, dürfen uns nicht blenden lassen. Wahrheit muss Wahrheit bleiben! Und die Wahrheit wird uns frei machen, Handlungsmöglichkeiten zu finden.

31. MAI

Schauen wir uns selbst mutig und schonungslos an! Es hilft nichts, unser Bild zu retouchieren und zu beschönigen. Vertrauen wir uns dabei Gott an, denn Gott hat uns ja längst erkannt, liebt uns. Im Vertrauen darauf kann es dann auch ein Lächeln geben über unsere Schwächen. Und vor diesem Hintergrund bekommen wir auch Mut zur Veränderung. Und so können wir auch unsere dunkle Welt schonungslos ansehen und fragen, wie wir Verantwortung übernehmen können, wie sich unser Lebensstil ändern muss, damit Menschen leben können in aller Welt. Mischen wir uns ein in Gottes Welt!

JUNI

1. JUNI

In meinem alten Poesie-Album steht: »Sei wie das Veilchen im Moose, bescheiden, sittsam und rein. Und nicht wie die stolze Rose, die immer bewundert will sein.« Das habe ich selbst, das haben viele Mädchen in meinem Alter auch anderen ins Poesie-Album geschrieben. Bescheidenheit, Sittsamkeit, Reinheit, das waren wichtige Werte. Und heute? Heute versende ich manches Mal eine schöne Karte mit einer wunderbaren Rose: »Sei wie die Rose: Stolz. Zeig deine Dornen. Beuge dich nur der Liebe« (Kurt Marti).

2. JUNI

Wer die Bibel liest, kann Ungerechtigkeit nicht ignorieren. Bei Lukas singt die Mutter des Kindes, dass die Gewaltigen vom Thron gestoßen werden. Jesus selbst wird sagen, dass wir ihm begegnen, wann immer wir Hungernde speisen, Gefangene besuchen, Fremde aufnehmen. Nur wer das ignoriert, kann behaupten, Theologie und Kirche dürften nicht politisch sein. Glaube trägt immer die vorrangige Option für die Armen im Gepäck …

3. JUNI

Dass Frauen ebenso viel wert sind vor Gott wie Männer, das hat Jesus gezeigt – und doch hat die Kirche allzu oft versagt. Denken wir allein an die Hexenverfolgungen. Oder, viel unspektakulärer, an den Pastor, der der Frau, die vor dem schlagenden Mann ins Frauenhaus geflohen ist, erklärt, es sei Gottes Wille, dass sie zu ihrem Angetrauten zurückgeht. Gut, dass sich auch immer mehr Männer gegen Gewalt engagieren – zum Beispiel in der Initiative »Wir sind's leid – Männer gegen Männergewalt«.

4. JUNI

Mann und Frau sind gleichberechtigt. Dieser Verfassungsgrundsatz ist bitter erkämpft. Das gilt für die Gesellschaft insgesamt, wie auch für die Kirchen. Dass die biblische Schöpfungsgeschichte und auch das Neue Testament Mann und Frau als gleichberechtigt vor Gott ansehen – es hat fast zwei Jahrtausende gebraucht, bis das in den Kirchen erkannt wurde, und überall ist der Durchbruch wahrhaftig noch nicht erfolgt.

5. JUNI

Vielerorts finden sich Frauen vor der Zerreißprobe: Familie oder Beruf? Und so bekommen Frauen zunehmend weniger Kinder – Kinder sind das größte Armutsrisiko und Familie und Beruf weiterhin nur schwer vereinbar. Vielerorts wird jetzt gefordert, wir sollten Frauen Mut machen, Kinder zu haben und gleichzeitig Erfüllung zu finden in ihrem Beruf. Dafür müsste sich aber in der Gesellschaft ein enormer Wertewandel vollziehen: was das Mutterbild angeht und das Vaterbild und die Gestaltung von Arbeitsplätzen, in Sachen Schule und verlässlicher Betreuungsangebote …

6. JUNI

Ein Senfkorn ist klitzeklein, kaum zu sehen, und wer will, dass aus solch kleinen Körnern etwas wächst, muss schon eine Handvoll aussäen. Klein wie ein Senfkorn kann der Glaube sein – und Berge versetzen und Bäume verpflanzen? Jesus spricht davon in einem Gleichnis. Damit sagt er: Egal, wie klein euer Glaube, er ist nicht zu kümmerlich, um etwas zu bewegen. Wir müssen nicht auf unsere Kleingläubigkeit schauen. Nein, auch kleiner, kaum sichtbarer Glaube kann Großes bewirken. Das tröstet so manchen Jugendlichen, vor der Konfirmation vielleicht, der nicht genau weiß, ob der Glaube denn reicht zum eigenen Bekenntnis. Das tröstet vielleicht auch manchen Pastor, der sich leer gepredigt fühlt. Und das kann manchen Menschen trösten, der gar nicht weiß, ob er eigentlich selbst noch glaubt.

7. JUNI

Aus einem kleinen Samenkorn kann ein großer Baum werden. Erinnern wir uns an *Martin Luther King!* Natürlich, er war eine große Ausnahme und natürlich hatte auch er Fehler. Aber: Wir können ja beispielhaft lernen von solchen außergewöhnlichen Menschen. Er schreibt: »Wir nehmen ein Unrecht nicht einfach tatenlos hin; wir greifen aber auch nicht zur Gewalt, um ein begangenes Unrecht zu vergelten.« Wir wissen, im Krieg werden Menschen elend sterben – ob »schuldig« oder »unschuldig«, was soll denn das für eine Kategorie dabei sein?

8. JUNI

Der jüdische Philosoph und Theologe *Martin Buber* hat einmal gesagt, es gebe zwei Weisen, in den Glauben hineinzufinden: Das eine sei der Glaube, der von den Vätern (und Müttern) ererbt wird, in den wir also als Kinder selbstverständlich hineingeführt werden. Das andere sei der Glaube, der durch eigenes Forschen und Suchen geprägt sei. Und unerschütterlich werde der Glaube, bei dem beides zusammenkomme. Das hat mir sehr eingeleuchtet. Es ist gut und wichtig, als Kind den Glauben der Eltern kennenzulernen, hineinzuwachsen in eine religiöse Tradition. Voraussetzung dafür ist allerdings, dass die Eltern einen Glauben haben und auch praktizieren. Dabei scheint mir die Freiheit, die zentral zum christlichen Glauben gehört, ein großartiger Ausgangspunkt zu sein. Ich habe diesen Glauben gerade nicht als Enge erfahren, sondern als Weite, nicht als unhinterfragbar, sondern als Chance zur Auseinandersetzung mit der Vernunft.

9. JUNI

Wenn ich eine neue Stadt kennenlerne, denke ich oft: Städte sind geradezu Symbole für die Wirklichkeit unseres Landes, unserer Welt. Sie beherbergen Menschen und Institutionen. Die Gewalt vonseiten des Staates und der Polizei wird sichtbar, ethnische Gruppen, Jugendliche und Kriminelle nutzen die Stadt als Schlachtfeld. Frauen wagen sich bei Nacht und manchmal auch am Tage aus Angst vor Gewalt und Vergewaltigung nicht in den »falschen« Teil der Stadt. Kinder in ärmeren Vierteln haben keinen Raum zum Spielen und sind Bedrohungen ausgesetzt. In der Bibel sind Städte zum Gleichnis geworden für Gottes Beziehung zu den Menschen. Dort kann eine Stadt treu sein oder sich verkaufen, fröhlich sein oder stolz. Gott kann die Stadt bestrafen und niederwerfen und zu ihrem Wiederaufbau aufrufen. Und die Bibel redet davon, dass eine Stadt – Jerusalem – die »Stadt des Herrn« genannt werden wird. Die Stadt ist der Mikrokosmos der Welt, ein Symbol auch für unsere Beziehung zu Gott. Sich eine Stadt unter diesen Vorzeichen anzuschauen, macht sie auf ganz eindrückliche Weise interessant.

10. JUNI

Ein großer Versicherungskonzern wirbt mit dem faszinierenden Satz für seine Produkte: »Was Menschen auf der ganzen Welt so sicher macht: Millionen gehaltener Versprechen täglich!« Solch ein Satz enthält eine grundlegende Wahrheit über unser Leben – aber ein Versicherungskonzern übernimmt sich damit vollkommen und verheißt etwas, was eine Firma niemals einlösen kann. Wirtschaft ist Teil unseres Lebens, aber nicht der Bereich, der unser Lebensglück garantieren könnte.

11 JUNI

Wir leben in einer merkwürdigen Zeit. Deutschland ist kein armes Land. Noch nie waren die Sparguthaben so groß wie heute. Kein Mensch in unserem Land muss verhungern. Ja, viele Menschen befinden sich in schwierigen Situationen. Und die Angst vor der Zukunft geht um. Es gibt Probleme, ja, aber Probleme dürfen doch nicht lähmen und eine klare Sicht verhindern.

12. JUNI

Wir sehen die Wunden der Menschheit, ja und wohl auch Wunden Gottes. Wir hören Schreie, die durch die Welt hallen. Der Schrei auch nach Gott: Mein Gott, mein Gott, warum hast du mich verlassen? Dieser Schrei bis heute. Die Klage: Wie kann Gott das zulassen? Können solche Wunden überhaupt heilen? Zuallererst ist angesichts solcher Verletzungen wohl Schweigen angesagt. Das Entsetzen, das uns ergreift, wenn wir die Opfer in unserer Welt ansehen, kann nicht mal eben flott in Worte gefasst werden.

13. JUNI

Ich bin überzeugt, in ihrem tiefsten Inneren wissen Menschen, was das Richtige ist. Sie wissen ganz genau, wann sie andere verletzen. Sie haben ein Schamgefühl. Sie wissen, wann eine Grenze überschritten wird. Wir können damit rechnen, dass Menschen schuldig werden, dass sie Fehler machen. Das Leben ist nicht vollkommen. Aber wir glauben auch, dass es einen Neubeginn, einen Neuanfang gibt, den Gott uns schenkt, weil Gott uns liebt.

14. JUNI

Erst in den vergangenen Jahren, vor allen Dingen im Zusammenhang mit dem Konziliaren Prozess für Gerechtigkeit, Frieden, Bewahrung der Schöpfung, haben wir neu entdeckt, dass es darum geht, die Erde »zu bebauen und zu bewahren« (1. Mose 2,15). Als Gottes Ebenbild ist der Mensch Stellvertreter und Stellvertreterin Gottes auf der Welt. Oder besser noch: Bewahren heißt, dass wir als Haushalterinnen und Haushalter Gottes die Erde für künftige Generationen erhalten müssen. In politischer Sprache heißt dieses biblische Konzept heute Nachhaltigkeit. Wenn wir nachhaltig leben, bringen wir unsere Sorge und unsere Liebe und unsere Verantwortung für kommende Generationen zum Ausdruck. Deshalb fordern wir, dass in regenerative Energien investiert wird, dass Menschen selbst hier in unserem Land sich bereiterklären, Energie zu sparen und für Energiekonzepte eintreten, die auf erneuerbaren Möglichkeiten beruhen.

15. JUNI

Was wir mit unseren Händen alles tun können! Und welche Kreativität dieses Tun freisetzen kann! In Äthiopien hat mich folgendes sehr beeindruckt. Ein großes Problem dort ist der Holzmangel. Die traditionellen Häuser werden aus Holz gebaut – es sind eher Stöcke als Stämme –, an die Lehm geklatscht wird. Die Termiten aber beginnen, das Holz von unten aufzufressen, so dass ein Haus nach drei, vier Jahren in sich zusammenfällt. Hermannsburger Missionare, die dort arbeiten, haben nun eine neue Methode erkundet, die inzwischen langsam, aber sicher auf das äthiopische Handwerk Einfluss nimmt. Sie erzeugen Backsteine. Die Steine werden aus Lehm geformt, aber nicht gebrannt – das würde ja wieder kostbares Holz vernichten. Mit diesen getrockneten Backsteinen können solide, feste Häuser gebaut werden, die vom Termitenbefall nicht gefährdet sind. Diese Backsteine herzustellen ist ein kleines und gar nicht so kompliziertes Handwerk – für viele Menschen aber ein überlebenswichtiger Schritt.

16. JUNI

Ein Paar heiratet, die beiden sind verliebt und wollen das ganze Leben miteinander teilen. Wer frisch verliebt ist, sucht Nähe, ununterbrochene Zweisamkeit. Alles, aber auch alles soll geteilt werden. Alles soll erzählt werden, keine Geheimnisse soll es geben. Ob es das ist, was Ältere so sehr rührt beim Anblick eines jungen Paares? Bei der Hochzeit sind alle davon angerührt: Die zwei vor ihnen lieben sich. Da gibt es keine Schatten. Da sind noch keine Erfahrungen von Enttäuschung und Untreue. Ihre Liebe hat etwas von der Reinheit, dem Anfang, dem – wie *Hermann Hesse* es unnachahmlich sagt – ein Zauber innewohnt. Es geht darum, sie zu ermutigen, in ihre Ehe zu investieren: Zeit, Kraft, Geduld, Liebe. Manchmal macht uns die Erfahrung miesepetrig oder sogar bitter. Dann wünschen wir anderen nicht das Glück, das wir uns selbst erhofft haben – weil wir vielleicht enttäuscht worden sind. Es wird viel von den Beziehungen geredet, die auseinandergehen. Aber: Es gibt auch heute viele Ehen, die gelingen! Eine lange Ehe: sie ist auch ein Geschenk.

17. JUNI

Aufstand in Ostdeutschland 1953. *Dein Reich komme* – Eine ungeheure Provokation für alle »ewigen« Reiche, die sich etablieren wollten auf Erden. Gottes Reich wird kommen! Ja, es soll kommen. Das haben Menschen mit Inbrunst gebetet, schon zur Zeit des Römischen Reiches, in Osteuropa zur Zeit des Sowjetreiches und auch in Deutschland, als ein so genanntes 1000-jähriges Reich meinte, alles beherrschen zu können. Gottes Reich, Gottes Wirklichkeit, Gottes gerechte Welt ist von anderer Art – und beginnt bei den Menschen.

18. JUNI

Familie wird bleiben, weil Menschen Lust daran haben, Kinder zu haben, das Leben weiterzugeben von Generation zu Generation. Es ist wichtig, unterschiedliche Lebensentwürfe zu akzeptieren, aber auch, gerade zu Elternschaft und bewusster Erziehung zu ermutigen. Vor allem aber hat die Gesellschaft Familien – in welcher Konstellation auch immer – zu unterstützen, denn hier liegt ihre Zukunft.

19. JUNI

Eine der wesentlichen religiösen und kulturellen Errungenschaften der Reformation, die zur Entwicklung moderner Wirtschaft beigetragen hat, ist die Vorstellung von einem Beruf, den Menschen ausüben. Bei Martin Luther liegt die Idee darin, dass ich als Mensch mit den mir von Gott gegebenen Fähigkeiten und Talenten eine Aufgabe in dieser Welt zu erfüllen habe, zu der ich mich berufen fühlen kann, die zu bewältigen mir Gott eine Gabe geschenkt hat. In vielfältiger Weise ist dieser Gedanke bis heute wirksam. Durch meinen Beruf habe ich einen Platz in der Gesellschaft und trage etwas bei zu ihrem Bestand, das ist eine Frage auch der eigenen Würde. Und ich erfahre gesellschaftliche Wertschätzung, die ganz wichtig ist. Deshalb müssen wir darum ringen, wie wir gerade für gering Qualifizierte, für Jugendliche ohne Schulabschluss beispielsweise, Möglichkeiten zur Betätigung finden, die auch Anerkennung mit sich bringen.

20. JUNI

Hinter der Idee des Berufs steht religiös und kulturell eine Haltung, die heute immer mehr verschwindet. Wer das eigene Leben als Gabe und Aufgabe vor Gott versteht, erlebt sich in einen größeren Zusammenhang gestellt, der meine Welt zusammenbindet und überschreitet als ein Glied in einer großen Kette des Lebens. Das ist in der Tat eine nachhaltige Lebenshaltung, denn so kann ich gar nicht auf die Idee kommen, ich hätte das Recht, allen Reichtum der Erde jetzt zu verbrauchen.

21. JUNI

Wir können dankbar sein, dass uns ein Gebet von Jesus direkt mitgegeben wurde: das Vaterunser. Wir können uns in dieses Gebet fallen lassen, weil es alles umfasst, was Menschen Gott anvertrauen. Seit 2000 Jahren haben Menschen in allen Ländern dieser Erde, in allen Situationen mit diesem Gebet ihr Vertrauen auf Gott geworfen. Jeder und jede weiß sich Gott wie den anderen in diesem Gebet verbunden, über die Grenzen von Sprachen, Kulturen und Zeiten hinweg.

22. JUNI

Vater unser – »Vater unser« sagen wir, weil wir Gott Vater nennen dürfen. Das hat uns Jesus selbst beigebracht. Gott ist nicht fern, Gott ist kein ganz anderer, sondern unser Vater. Ja, unsere Mutter, das können wir ebenso sagen. Die Anrede ist der Ausdruck vollkommenen Vertrauens, ein Sich-Anvertrauen, so wie Jesus selbst sich anvertraut hat.

23. JUNI

Der du bist im Himmel – Gott, der du nicht in der Welt, die wir kennen, vollkommen aufgehst, sondern größer bist als alles, was wir kennen und sehen.

24. JUNI

Nicht alles, was wir tun, ist richtig. Wir machen Fehler; wir sind verführbar. Das wissen wir. Aber wir trauen darauf, dass wir uns Gott anvertrauen dürfen in dem, was wir tun und in dem, woran wir scheitern. Dieser Glaube kann uns Bodenhaftung geben. Er trägt uns, auch wenn es stürmisch wird, wenn wir bedroht sind von Unwettern des Lebens. In solchen Zeiten sehnen wir uns nach der großen Stille. Die wird eines Tages sein bei Gott, in Gottes Zukunft, die uns aufnehmen und tragen wird.

25. JUNI

»L'espoir est notre vie« – diesen Satz fand eine Kirchengemeinde bei der Renovierung des Gemeindehauses eingeritzt in einen Dachbalken, geschrieben von Corporal *Charles Roye* mitten im Krieg. Die Hoffnung ist unser Leben. Ohne Hoffnung, dass sich etwas ändert, ohne Hoffnung auf Zukunft, ohne Hoffnung für die Kinder und die kommenden Generationen dieser Welt können wir nicht leben. Wir brauchen Hoffnung, damit unser Leben Sinn macht. Im Lateinischen ist *fides* übrigens derselbe Begriff für Glaube und Hoffnung. Ja, wir brauchen Glauben und Hoffnung. Und wir gewinnen beides mit der Hoffnung, die jeder neue Tag mit sich bringt, mit den vielen Zeichen für eine gute Zukunft, die es ja auch gibt.

26. JUNI

Was ist der Sonntag für Sie? Endlich mal ausschlafen, bummeln, faulenzen? Oder unterscheidet den Sonntag noch etwas anderes vom Alltag? Immerhin: 77 Prozent der Bundesbürger sind dafür, dass der Sonntag ein ganz besonderer Tag bleibt. Für den Kirchgang wird er allerdings nur noch von 18 Prozent der Katholiken und sechs Prozent der Protestanten genutzt. Doch das sind immer noch mehrere Millionen Menschen in unserem Land – da könnte manche Partei, mancher Verein, sogar die Bundesliga blass vor Neid werden …

27. JUNI

Alles ist laut, wir werden nahezu ununterbrochen beschallt. Inzwischen imitieren angeblich bereits Singvögel die Klingeltöne der Mobiltelefone. Wie Stille sich anhört, wissen viele Menschen nicht mehr – noch weniger wissen sie, wie sie mit Stille umgehen sollen. Umso wichtiger sind Orte und Zeiten der Stille, wo äußere Ruhe dazu hilft, nach innen zu hören, der Seele Raum zu geben. Denn: Stille tut einfach gut.

28. JUNI

Glaube braucht die Einübung in das Gespräch mit Gott. Für mich ist das Gebet eine Gesprächshaltung mit Gott. Wie bei einem Menschen, den ich erst kennenlerne und dem ich im Gespräch näherkomme, so geht es mir auch mit Gott. Da ist ein Herantasten, ein Fragen, ein Vertrautwerden, das wachsen muss.

29. JUNI

Ich bin überzeugt, dass alte Mauern eine ganze Menge wissen von Hass und Verzweiflung und auch von Krieg. In unseren alten Kirchen haben Menschen gesessen und gebetet, die betrogen wurden, deren Leben zerstört wurde durch andere. Hier haben Frauen gebetet, deren Ehemänner, Söhne, Brüder im Krieg gefallen sind. Und auch darum ist es wichtig, sie zu erhalten, die Kirchen – es tut so gut, in ihnen Ruhe zu finden, einen Ort, an dem wir Trost finden in unserer Angst.

30. JUNI

Im Neuen Testament ist die Rede von lebendigen Steinen. Das ist eine spannende Idee, finde ich. Wer einen Stein in die Hand nimmt, kann ihn fühlen. Er wird warm, er nimmt meine Körperwärme an – und strahlt diese Wärme wieder aus. Das ist ein schönes Bild, Menschen als lebendige Steine, deren Leben sich zusammenfügt zu einem Bauwerk. Um lebendige Steine zu sein, müssen wir allerdings die Wärme des Lebens spüren. Wie viel Leben ist in mir? Was macht meine Lebendigkeit aus? Lebendige Steine, das sind begeisterte Menschen, die wahrhaftig vom Geist Gottes getrieben sind. Menschen, in denen etwas spürbar und lebendig wird. Steine, die Wärme annehmen. Steine, die etwas ausstrahlen. Zunächst sind Steine hart und totes Material. Der Stein, den ich in der Hand halte, strahlt nur Wärme ab, wenn ich ihn berühre. So werden wir nur wirklich lebendig, wenn Gottes Hand uns berührt, wenn wir uns Gottes Wärme und Licht hingeben. Das macht uns lebendig.

JULI

1. JULI

Das wäre gut, wenn wir in den Spiegel schauten und sagen könnten: Ich finde mich »extrem okay«, wie es die junge Frau in der Werbung sagt. Aber wer kann das schon? Da sind all die Fehler in unserem Leben. Zuallererst die äußeren: Wir sind nicht so schön wie die Models auf dem Laufsteg oder ein braungebrannter Erfolgskerl. Und dann die beruflichen, die familiären Fragen: Ich hab's nicht gepackt, bin beruflich nicht so weit gekommen, wie ich mal gehofft habe. Unsere Ehe steckt in einer Krise. Mit den Kindern gibt's dauernd Zoff. Und dann mögen wir nicht mehr in den Spiegel sehen, blicken weg und rackern dauernd weiter, geben uns zufrieden mit dem Alltagstrott, denn zu genau hinsehen würde vielleicht bedeuten, dass ich mein Scheitern zumindest mir selbst eingestehen muss oder gar mein Leben völlig zu ändern hätte. Und wer hat dazu den Mut?

2. JULI

Schauen wir uns die Bilder an, mit denen wir leben. Da sind Frauen ganz anderen Erwartungen ausgesetzt als Männer. Frauen stehen heute unter einem enormen Attraktivitätsdruck. Es muss uns doch irritieren, dass dieser Zwang, perfekt und schön zu sein, so viele in Schönheitsoperationen drängt. Ich weiß, manche belächeln das souverän und von oben herab. Aber ist das nicht eine fundamentale Anfrage an die Macht der Bilder, wenn das Diktat des Gut-Aussehens einen solchen Druck erzeugt?

3. JULI

Jeder und jede hat eine Lebenschance. Gott will Leben! Nicht das vereinzelte Sich-Verlieren in einer virtuellen Welt, sondern Leben. Leben mit Liebe und Licht und Sonne. Lebenslust, Lebensfreude, Leben in seiner Fülle. Unser Leben hat eine unverlierbare Würde, egal ob wir alt und krank sind, allein oder arbeitslos, verzagt oder entschlossen. Jeder Mensch gilt vor Gott. Das ist der Kern der Freiheit der Kinder Gottes.

4. JULI

Über einer Todesanzeige ist manchmal zu lesen: »Müh und Arbeit war sein Leben, Ruhe hat ihm Gott gegeben.« So ist die Sache nicht gedacht! *Martin Luther* hat gesagt, des Menschen Gott sei, woran er sein Herz hängt. Arbeit ist wichtig, ja, aber sie darf auch nicht zum Gott werden, nicht alles sein, was mich im Leben bewegt. »Was ist für Sie das Wichtigste im Leben?«, wurden Menschen in einer großen Umfrage in Deutschland gefragt. Bei den Männern stand die Arbeit an allererster Stelle. Das ist nicht ungefährlich. Arbeit ist wichtig für das Selbstbewusstsein des Menschen, mit Arbeit verdienen Menschen den Lebensunterhalt, Arbeit kann Kreativität freisetzen und den Menschen zufrieden machen. Aber Arbeit darf niemals der alleinige Lebensinhalt werden. Es ist nicht meine Leistung, die zählt – mein Leben hat allein dadurch Sinn, dass Gott mir dieses Leben schenkt. Es geht darum, dass ich mich mit dem, was ich leisten kann, ganz und gar Gott verdanke. Arbeiten können, arbeiten dürfen ist auch ein Geschenk! Freuen wir uns also an den Gaben, die wir haben, an der Leistungskraft. Bleiben wir uns dabei aber bewusst: Es geht darum, dass wir sie einbringen in das größere Ganze unserer Gesellschaft. Es geht um die Solidarität der Starken mit den Schwachen und auch darum, Erwerbsarbeit und Erziehungsarbeit als gleichrangig anzusehen. Wo diese Grundlage von Arbeit als Gemeinschaftsprojekt purem Egoismus weicht, ist das entscheidende Gewebe unserer Gesellschaft verloren gegangen.

5. JULI

Vor Jahren habe ich einem Mann beim Sterben die Hand gehalten. Er war völlig erschüttert und sagte: »Das soll alles gewesen sein? Ich habe eigentlich nie darüber nachgedacht. Es ging alles so schnell vorbei!« Ja, der Satz »Lehre uns bedenken, dass wir sterben müssen, auf dass wir klug werden« (Psalm 90,12) besitzt eine tiefe Wahrheit. Nur wer die Endlichkeit des Lebens erkennt, wird das Leben als Geschenk verstehen, als begrenzte Zeit ansehen und wahrnehmen.

6. JULI

So etwas wie »lebensunwertes« Leben kann es gar nicht geben. Das Leben ist ein Ergebnis der Liebe Gottes. Das bedeutet nicht, dass es immer sorgenfrei, glücklich, ohne Schmerzen verläuft. Wir wissen, dass es nicht so ist. Wir sollten alles tun, denen, die Leid tragen, zur Seite zu stehen. Sie sollen getröstet werden, sagt Jesus in der Bergpredigt. Und das soll nicht nur eines Tages bei Gott so sein, wenn alle Tränen abgewischt werden, sondern zu diesem Trost können wir schon jetzt eine Spur legen. Indem wir einen Sterbenden begleiten, ihm die Hand halten, die Lippen benetzen. Indem wir einer Mutter mit ihrem behinderten Kind Mut machen. Indem wir dieses Kind mit einem Lächeln ansehen und ihm sagen: Ja, du bist schön, denn du bist von Gott geliebt.

7. JULI

Die Geschwindigkeit unserer Kommunikation hat sich unglaublich erhöht. Während es früher einige Zeit dauerte, bis wir einen Brief geschrieben haben, bis der ankam und schließlich wiederum die Antwort, erwarten heute viele, dass auf eine E-Mail binnen Minuten oder zumindest Stunden reagiert wird. Einerseits bin ich begeistert, wie schnell es möglich ist, sich in Verbindung zu setzen, und das rund um den Globus. Aber E-Mails sind von kurzer Haltbarkeitsdauer, und die SMS meiner Töchter auf dem Handy muss ich irgendwann löschen. Das ist auch traurig, da geht etwas verloren, wir können nicht nachlesen, wie das war vor ein paar Jahren. Das ist doch auch ein Verlust.

8. JULI

In einer Kirche in Korea ging ich zur Kanzel. So vertraut mir das ist – dieses Mal war es irgendwie skurril: Ein Kirchenvorsteher begleitete mich und zeigte mir zwei rosa Puschen, die ich über meine Schuhe ziehen sollte. Als ich die Kanzel über einen plüschigen roten Teppich erreichte, stand dort ein Telefon. Während der ganzen Predigt war mir unbehaglich: Was tue ich, wenn das Telefon klingelt? Und vor allem: Wer wird wohl dran sein?

9. JULI

Ich bin reif, reif, reif für die Insel, überreif – Sie erinnern sich an dieses Lied? Ja, die Insel lädt ein zur Ruhe, aber auch zur Suche nach Sinn: sich entspannen, der Seele Raum geben, offen werden für die großen Fragen des Lebens. Der Wellness-Bewegung kann ich als Christin durchaus etwas abgewinnen. Leben in Fülle ist im Sinne Gottes. Allerdings komme ich da an meine Grenzen, wo Wellness in Glauben übergeht.

10. JULI

Es ist gut und wichtig, dass Menschen für ihr Wohlbefinden und ihre Seele sorgen. Denn unser Körper ist ein Geschenk Gottes wie unsere Seele. Mit beidem sollten wir sorgfältig umgehen. Eine Gefahr aber zeigen wir da an, wo der Körper zum Idol wird, zum Inhalt des Lebens, zum Heilsweg. Da verliert sich der Mensch in sich selbst, und das ist grausam. Denn der Körper wie die Seele ist zerbrechlich.

11. JULI

Das Christentum bietet für ein rechtes Verhältnis von Fremdheit und Vertrautheit, von Faszination und Lernen eine großartige Grundlage. Über Grenzen von ethnische Gruppen hinweg sind wir ein Volk aus allen Völkern. Wenn das nicht eine spannende Sache ist!

12. JULI

Was beschäftigt uns im Sommer? Das Wetter natürlich, keine Radiosendung ohne Klage über verregnete Urlaubstage oder zu große Hitze. Wohin fährst du in den Ferien? Der Urlaub ist ein wichtiges Thema. Und nur eine kleine Randnotiz in der Zeitung: Tausende von Flüchtlingen sind in den vergangenen zehn Jahren im Mittelmeer ertrunken, mehr als 1800 im ersten Halbjahr 2011 seit Beginn der nordafrikanischen Aufstandsbewegungen. Weiterblättern. – Nein, da kann ich nicht weiterblättern. Das ist doch schlicht unglaublich. Vor den Inseln, auf denen viele von uns gerne Urlaub machen, Rhodos, Fuerteventura, vor Lampedusa und Sizilien ertrinken Tausende auf der Suche nach einem Ort zum Überleben.

13. JULI

»Finsternis bedeckt die Erde.« Ein Satz, der ganz am Anfang steht in der Bibel. Und wir wissen auch heute noch ein Lied davon zu singen. Die Menschen ertrinken zu Tausenden in China und kommen zu Hunderten bei Bergwerksunglücken um; sie verhungern im Sudan und werden niedergemetzelt in Ruanda. Terror tobt auf der ganzen Welt, es gibt Selbstmordkommandos, und achtjährigen Kindern werden Sprengstoffgürtel umgelegt. Militärdiktaturen unterdrücken die Menschen in Nordkorea, Burma und Indonesien. Frauen werden versklavt in Afghanistan und zur Prostitution verschleppt in Osteuropa, geschlagen in der ganzen Welt. Die Finanzkrise in Südeuropa hält die gesamte Europäische Union in Atem. In Deutschland geht die Schere zwischen den Armen und den Reichen immer weiter auf. Fremde leben in Angst in diesem Land. Flüchtlinge werden abgewiesen. So viel Finsternis auf dieser globalisierten Erde, dass wir es oft gar nicht aushalten, genauer hinzuschauen. Dabei wäre gerade das vielleicht der Anfang – wieder Licht entdecken. Oder helfen, es neu anzuzünden.

14. JULI

Wir sind manchmal einfach bewusst oder unbewusst blind. Da ist vieles, was wir uns nicht so genau anschauen wollen, wovor wir lieber die Augen verschließen. Dass wir gar nicht so glücklich sind, wie wir tun. Wir verdrängen, dass wir Angst haben vor dem Sterben. Angst, dass da Nichts sein könnte. Wir verleugnen, wenn es uns schlecht geht. – Wie geht's? Gut, lautet natürlich die Antwort. Wir können eine Person nicht ausstehen und haben nicht den Mumm, es zu sagen. Du siehst die Fehler anderer und lästerst darüber, aber ein offenes Gespräch, o nein. Wir machen allzu oft die Augen zu und stellen uns blind. Mit Blick auf uns selbst. Mit Blick auf andere. Wer es wagt, das eigene Leben schonungslos anzusehen, ganz offen die eigene Geschichte zu betrachten, den Lebensentwurf und das, was daraus geworden ist, weiß, dass da dunkle Seiten sind, Schatten, etwas, was man anderen nicht sagt.

15. JULI

Keiner und keine ist ohne Sünde. Diese Erkenntnis kann ich so schonungslos vor Menschen kaum äußern, das geht nur im Gegenüber zu Gott. Das ist die große Erkenntnis *Martin Luthers:* Ich kann mich nicht freikaufen von Sünde. Nichts, was ich leiste, kann mich vor Gott rechtfertigen. Ich bin ganz und gar auf Gottes Gnade angewiesen. Es geht darum, ob ich mich Gott anvertrauen kann. Nichts anderes ist Glaube.

16. JULI

Gott ansprechen zu können mit einem »Du«, das ist mir ungeheuer wichtig. Gott ist ein Gott der Beziehung, der den Menschen geschaffen hat »zum eigenen Bilde«. Gott ist nicht der allmächtige Weltenlenker, fernab von allem menschlichen Geschehen, sondern das Du, mit dem wir in Kontakt sein können, mit dem wir in großem Vertrauen Freud und Leid besprechen können.

17. JULI

Muss es eigentlich so viele Kirchen geben? Was macht den Unterschied aus zwischen Katholiken, Lutheranern, Baptisten, Methodisten? Da ist die Verwirrung über diese Vielfalt doch größer als ihr Gewinn. Sind die Unterschiede wirklich so groß? Und wenn unsere Gemeinden schon so klein werden, warum tun wir uns nicht einfach zusammen? Inzwischen ist für viele gar nicht mehr verständlich in Deutschland, warum es unterschiedliche Kirchen gibt. Was unterscheidet uns? Dass es bei den Evangelischen keinen Papst gibt? Und geht es bei den Baptisten nicht fröhlicher zu? Warum sollte ein Katholik nicht bei den Evangelischen zum Abendmahl gehen? Ach, ja, bei allem Respekt vor Unterschieden gibt es schlicht manche dogmatische Verhärtung, bei der von der Freiheit des Glaubens nicht mehr viel zu spüren ist.

18. JULI

Jahrhunderte lang haben die Unterschiede zwischen den Kirchen großes Leid über Menschen gebracht. Konfessionskriege, Ehen, die nicht geschlossen werden durften, und bis heute der Kummer manches Paares, wenn es nicht gemeinsam zur Eucharistie gehen darf. Doch das 20. Jahrhundert hat da eine enorme Veränderung gebracht. Plötzlich haben die Kirchen erkannt, dass sie zusammengehören. Dass keine Kirche die Wahrheit hat, aber jede Kirche Zeugin der wahren Kirche Jesu Christi ist.

19. JULI

Und Ökumene? »Dass sie alle eins seien«, bittet Jesus im Johannesevangelium. Uns verbindet mehr, als uns trennt in den Kirchen. Wir sollten aufeinander zugehen und uns begegnen. Wir können miteinander Gottesdienst feiern. Und wir können Hoffnungen auf Zukunft haben. Die ökumenischen Kirchentage in Berlin 2003 und München 2010 waren für mich solche Hoffnungszeichen. Einheit heißt nicht, dass wir uns nicht um die Wahrheit streiten. Die Konfessionen werden bleiben. Menschen werden unterschiedlich glauben, Kirchen sich verschieden gestalten. Unter dieser dicken Schicht der Verschiedenheit ist aber ein gemeinsamer Kern. Der Glaube an Jesus Christus, der für uns am Kreuz gestorben ist, der Auferstandene, mit dem wir einst in Gottes Zeit und Ewigkeit zusammen sein werden.

20. JULI

Der evangelische Theologe *Dietrich Bonhoeffer* war einer der »Mitwisser« im Kreis um das Attentat gegen Hitler am 20. Juli 1944. Er bezahlte dafür mit seinem Leben. In der Zeit des Nationalsozialismus hatte Bonhoeffer seine Kirche schon früh vor zu großer Identifikation mit der Gesellschaft gewarnt. Nachfolge bedeutete für ihn gerade nicht Konformität mit dem, was alle machen. Ja, im Nachfolgegedanken steckt etwas grundsätzlich Widerständiges, das auch radikale Formen annehmen kann.

21. JULI

Engagiert für den Nächsten, interessiert an der Welt, offen für Veränderung. So können Christinnen und Christen heute an ihrem Ort wirken: klar und weltoffen, für Gerechtigkeit und Frieden und Schöpfungsbewahrung: Weil sie innerlich frei sind, auch wenn Häme, Kritik und Spott sei trifft. Sie wissen sich dabei gebunden an die Sache des Reiches Gottes mitten in der Welt. O ja, christliche Freiheit, von der Paulus spricht und reformatorische Freiheit, von der Luther redet, sie sind hochaktuell. Keine alte Kamelle von gestern, sondern eine Frage nach Gewissen, Verantwortung und Haltung. Für Paulus, für Luther, für Bonhoeffer und die Moltkes und für uns heute ganz gewiss auch.

22. JULI

Selig, die um der Gerechtigkeit willen verfolgt werden. Wer sich einsetzt für die anderen, wer heute von Menschenrechtsverletzungen spricht in einem Unrechtsstaat, der nimmt Verfolgung auf sich in den Diktaturen dieser Welt.

23. JULI

Menschen wollen den Glauben mit allen Sinnen wahrnehmen. Sie wollen den Glauben nicht nur verstehen, sondern auch erleben. Da haben wir in der Tat dringenden Nachholbedarf! Warum darf eine Liturgie nicht getanzt werden? Gerade Stille, Meditation, Gebetserfahrung ist für viele Menschen ganz neu wichtig. Wir dürfen die Sehnsucht nach sinnlicher Erfahrung nicht verachten. Erfahrung, Spüren, Sinnlichkeit – wie geht denn das mit dem Denken, dem Kopf, der Klarheit und dem Wort zusammen? Es geht.

24. JULI

Gottes Geist ist daran erkennbar, dass er Menschen bewegt, von Gott, von der Erfahrung mit Jesus Christus zu sprechen. Er wird Tröster genannt, als Mutter wahrgenommen, als Ermutigung erfahren. Wir können es wissenschaftlich nicht fassen, es ist nicht herstellbar, nicht käuflich, nicht machbar. Wir sehen seine Wirkung und wir bezeichnen es als Geist. Und weil, was zu Gott gehört, heilig ist, sprechen wir vom Heiligen Geist.

25. JULI

Eine Gotteserfahrung kann beängstigend sein. Die Welt erscheint in einem anderen Licht. Unser Leben erscheint in anderem Licht. Wir werden Grenzgänger zwischen Himmel und Erde, weil wir neue Freiheit erfahren von dem, was die Welt auf die erste Stelle der Tagesordnung setzt. Das ist die Freiheit der Kinder Gottes! Zu dieser Freiheit gehört allerdings Mut.

26. JULI

Ein neuer Himmel und eine neue Erde. Da ist die Sehnsucht danach, dass alles ganz anders sein könnte. Geht es da eigentlich um ein Jenseits? Um Gottes Zukunft nach dieser Zeit und Welt? Oder geht es um Hoffnungsperspektiven für unsere Welt hier und heute?

27. JULI

Wir leben in einer Zeit des Wertewandels, des Werteverlustes und der Desorientierung. Allerorten wird beklagt, dass Eckpfeiler für die Orientierung fehlten. Die Zehn Gebote sind eine Art Leitfaden für ethisches Handeln. Und ich halte sie nicht für überholt! Wenn sich heute zwanzig Menschen zusammensetzen würden, um zu überlegen, welche Grundregeln ihre Gemeinschaft braucht, würden sie dann nicht ganz ähnliche Schlussfolgerungen ziehen: einander nicht bestehlen, nicht belügen, nicht begehren, was dem anderen gehört, die Beziehungen achten, die Ehe nicht brechen? Doch, das hat Aktualität.

28. JULI

Wer über das Leben in seiner Tiefe nachdenkt, muss nicht schwermütig werden! Will Gott uns nicht ein fröhliches Herz schenken? – Schwer mitlachen lässt es sich allerdings bei den Comedy Shows, der aufgedrehten Spaßgesellschaft der Medien, dem Morgenprogramm im Hörfunk, wo alles so witzig, alles geradezu zwanghaft komisch sein muss. Darüber kann ich nicht lachen, das ist oberflächliches Gegacker. Ganz anders empfinde ich das bei einem Clown, der die Ernsthaftigkeit hinter dem Lachen spürbar werden lässt. Der auch im Schweren das Leichte sehen kann.

29. JULI

Nicht schlafen können, sich wälzen vor Sorgen und Unruhe. Was soll werden? Wie soll ich damit umgehen? Eine solche Nacht kann lang sein, endlos erscheinen. Da kann neidisch werden, wer ein Kind sieht, das schläft – seelenruhig, geborgen in einer eigenen Traumwelt, durch nichts zu stören. Und doch kennen auch Kinder die Schrecken der Nacht, zu viele Kinder auf dieser Welt können vor Angst nicht schlafen. Schlaf ist selbstverständlich – bis zu der Nacht, in der wir nicht schlafen können. Dann wird Schlaf zur Freundin, die uns heraushol aus den Mühen des Alltags, uns hilft, Ruhe zu finden und Abstand. Morgens aufstehen, ausgeruht, erfrischt, das ist ein Geschenk Gottes, das wir erst schätzen lernen, wenn wir älter werden.

30. JULI

Es gibt Erfahrungen von Lebensenge. Wie in Ketten fühlen wir uns. Alles festgezurrt. Arbeitslos. Keine Ausbildung. Eingebunden in Familienpflichten, aus denen es kein Ausbrechen gibt. Das kann ungeheuer eng werden. Wenn Gott meine Füße auf weiten Raum stellt, dann kann ich diese reale Enge in meinem Leben überschreiten. Dann kann ich mit Gott in Verbindung treten, der alles ist in allem, mit dem Sein, das viel größer ist als alles, was wir sehen und erfahren in unserem Leben. Das ist die Freiheit der Kinder Gottes, die sich nicht einengen lassen von den Verhältnissen der Welt.

31. JULI

Warum eigentlich feiern wir nicht die ungeheure Integrationsleistung Deutschlands erst der Flüchtlinge aus dem Osten nach 1945 und schließlich der Italiener, Griechen, Jugoslawen, Türken und anderen Menschen, die aus wirtschaftlichen Gründen eingeladen wurden, in unserem Land zu leben? Warum sind wir nicht stolz darauf, wie viele Menschen aus dem Iran, aus Pakistan, aus dem Sudan, aus den Diktaturen dieser Welt bei uns Asyl erhielten? Ein Weg nach vorn wird sich nur ergeben, wenn wir die positiven Bilanzen sehen und offensiv die problematischen Entwicklungen angehen, statt nur über sie zu klagen.

AUGUST

1. AUGUST

Mit einer Delegation des Ökumenischen Rates der Kirchen habe ich vor einigen Jahren Ureinwohner Australiens besucht. Als *Captain Cook* Australien »entdeckte«, erklärte er, dies sei die »terra nullius« – unbewohntes Land. Aber seit Jahrhunderten wohnten dort bereits die Ureinwohner, die auf ihren »Traumpfaden« umherzogen, das Land bebauten und doch schonten, denen Land-»Besitz« völlig fremd war. Heute kämpfen sie um ihre Rechte, viele sind völlig erniedrigt, ins Abseits gedrängt, dem Alkohol verfallen. So genannte Missionare nahmen vielen ihre Kinder weg, um sie »anständig« zu erziehen. Nun ringen sie um Identität. Und die wenigen Alten, die das alte Wissen bewahrt haben, bemühen sich darum, die Sprache, das Wissen um das Überleben in der Wüste weiterzugeben an die heranwachsende Generation. – Wir saßen auf einer Veranda in Wilcannia – einem wahrhaft trostlosen Ort! – und erlebten, wie eine alte zahnlose Frau Kindern Geschichten erzählte von den Ahnen, von der Natur, von den Geheimnissen des Lebens …

2. AUGUST

»Ich sitze oder stehe auf, so weißt du es, du kennst meine Gedanken von Ferne. Ich gehe oder liege, so bist du um mich und siehst alle meine Wege« (Psalm 139) – das ist nicht die beängstigende Drohung: »Gott sieht alles!« Nein, das ist die beruhigende Gewissheit: Ich kann mich Gott anvertrauen in den Höhen wie in den Tiefen meines Lebens. Gott hält zu mir in guten und in schlechten Tagen.

3. AUGUST

Voraussetzung für das Finden eines Schatzes ist das Suchen. Auch der Schatz des Glaubens fällt uns nicht in den Schoß. Wir müssen uns auf den Weg machen zum Glauben hin. Der Glaube ist zwar ein Geschenk, aber wir können uns nicht einfach hinsetzen und sagen: »Lieber Gott, nun schenk mal …« Wir müssen das Gespräch mit Gott einüben, Gott kennenlernen, den Dialog mit Gott führen. Wenn wir suchen, lässt Gott sich finden.

4. AUGUST

Gott befreit den Menschen von allem, was ihn beherrschen will. Das kennt jeder und jede von Ihnen: den Druck, der entstehen kann durch Mächte und Gewalten, Menschen und Institutionen, die uns unter Druck setzen.

5. AUGUST

Eine Freundin erzählte mir kürzlich, als ihre Tochter im Krankenhaus war, habe eine Mutter ihrer Tochter verboten, sie zu besuchen, weil sie sonst schockiert sein könnte von dem Elend dort. Das entspricht der Haltung vieler Menschen: »Augen zu!« vor all dem Seufzen, der Angst, dem Leid von Mensch und Kreatur. Christlicher Glaube dagegen heißt aber eben nicht, dass wir uns aus den Lebenszusammenhängen zurückziehen, sondern: Augen auf! Diese Freiheit der Kinder Gottes und das Wissen um Vergänglichkeit und Erlösung befreien uns gerade zum Handeln.

6. AUGUST

Auch bei Beerdigungen halte ich es für wichtig, Kinder mitzunehmen. Wer Kinder davon ausschließt, lässt sie auch allein, etwa mit der Frage: Wo ist der Opa jetzt, was ist geschehen? Die Fantasien, die da entstehen, können sehr belastend sein. Ich finde es merkwürdig, dass Kindern in unserem Land zugemutet wird, vor ihrem 14. Lebensjahr durchschnittlich 18.000 (!) tote oder sterbende Menschen im Fernsehen zu sehen, aber dann heißt es, zu einer Beerdigung könnten sie nicht mitgenommen werden. – Rituale helfen uns, der Trauer Formen zu geben, sie zu bewältigen. Das habe ich auch erlebt, wo Kinder gestorben sind und den Freundinnen und Freunden, den Mitschülern die Möglichkeit gegeben wurde, den Abschied mitzugestalten. Kerzen anzünden, Gebete sprechen, Briefe der Erinnerung schreiben oder Blumen ins oder auf das Grab legen: das sind einige der Formen, die auch Kindern helfen, Abschied zu nehmen.

7. AUGUST

Viele Menschen entwerfen sich ihr Leben, ihre Lebensgeschichte im Rückblick. Dabei wird wohl immer einiges ausgeblendet, anderes deutlich hervorgehoben. Und dann sind sie in diesem Bild von sich, in diesem Entwurf so gefangen, dass sie darüber nicht mehr hinausschauen können. Da gibt es diejenigen von uns, die mit einer Fassade leben, die mit dem inneren Zustand vielleicht nicht mehr viel zu tun hat. Das ist ein Entwurf, der nach außen gut aussieht und nach innen verteidigt wird. Lieber nicht hinter die Fassade schauen, besser die wahren Gefühle nicht zeigen! Ich denke an einen angesehenen Geschäftsmann und Familienvater: erfolgreich, alles im Lot. Und dann eines Tages überkommt ihn die ganze Enge und Festlegung seines Lebens, ein Gefühl von Sinnlosigkeit und Ausweglosigkeit. Oder die Mutter, die ganz in ihrer Familie aufgeht. Die Kinder, der Haushalt, der Ehemann – sie ist glücklich. Aber manchmal gärt da die bohrende Frage: Soll das alles gewesen sein? Sie steckt sie lieber ganz schnell ganz weit weg.

8. AUGUST

»Wenn ihr nicht werdet wie die Kinder«, sagt Jesus an einer Stelle, »dann werdet ihr das Himmelreich nicht annehmen können.« Kindsein heißt: Ich vertraue mich an. Jemand sorgt für mich. Ich weiß, dass ich mein Leben nicht selbst meistere und leiste. Das ist eine Lebenszusage gerade in einer Gesellschaft, in der nur die Starken, Schönen, Reichen, Schlanken Lebenssinn zu haben scheinen. Es ist eine Provokation, die sagt: Der sterbende alte Mann, das behinderte kleine Mädchen sind nicht weniger wert als die erfolgreiche Börsenmaklerin oder der Spitzensportler.

9. AUGUST

Gott lässt uns nicht hängen. Wir können uns anvertrauen. Ich weiß, dass das für viele heute besonders schwer ist. Wir wollen selbstständig, autonom, unabhängig sein. Aber das kostet sehr viel Kraft – und es tut auch gut loszulassen. Ab und an aber, wenn wir mit uns ehrlich sind, kommt die Sehnsucht, sich ganz anzuvertrauen, an die Oberfläche. Gottes Einladung jedenfalls steht.

10. AUGUST

Es gibt eine Sehnsucht danach, nicht ununterbrochen zu arbeiten, sondern auszuruhen, einfach von den Früchten zu leben. So mancher und manche von uns versuchen, sich diesen Traum im Urlaub zu erfüllen. Nichtstun, vor sich hindösen, sich bedienen lassen. Aber als Dauerzustand taugt der Urlaub nicht! Wer aus dem Urlaub zurückkommt, freut sich oft, frisch wieder an die Arbeit zu gehen. Schon bei Pippi Langstrumpf ist es so, dass sie unbedingt zur Schule gehen will, bloß damit sie Ferien hat. Ohne Schule keine Ferien! Wohl dem, der Arbeit hat!

11. AUGUST

Natürlich wissen wir: Glaube ist ein Geschenk, wir können ihn nicht erarbeiten. Wie gut haben gerade die Protestanten das doch gelernt! Aber dieses Geschenk bedeutet ja nicht: Lieber Gott, nun wirf mir mal eine Portion Glauben in den Schoß! Nein, um Glauben will auch gerungen werden. Ich muss mich auf den Weg machen, fragen und vor allem wohl offen sein, damit ich hören kann auf Gott.

12. AUGUST

Unglauben wird es immer wieder geben. Jeder und jede von uns wird immer wieder mit Zweifeln zu ringen haben. Da brauchen wir uns gar nichts vorzumachen. Zweifeln, sagte der Theologe *Paul Tillich* einmal, gehört zum Wesen des Menschen, weil er endlich ist und nie das Ganze erfassen kann. Mir hilft diese Erkenntnis: Zweifel gehört zum Glauben, hält Glauben lebendig, erneuert ihn.

13. AUGUST

Selig die Friedfertigen, die in der Lage sind, Frieden zu schaffen, auch um den Preis der eigenen Niederlage. Und die wissen: Ein eigener Sieg schafft nicht unbedingt Frieden.

14. AUGUST

Wir sind sozusagen Botschafterinnen und Botschafter Gottes. Wir können etwas beitragen zur Versöhnung, denn das Christentum ist ein Volk in vielen Völkern. Über die Grenzen von Nationen hinweg existiert es. Wenn der andere mein Bruder, die andere meine Schwester ist, werde ich sie nicht verdammen, nicht bekämpfen und vernichten wollen. Das Wort »Versöhnung« erhält dann einen besonderen Klang. In ihm schwingt der Ruf zum Friedenstiften, der Mut, zwischen die Fronten zu gehen und die Kraft, sich nicht vereinnahmen zu lassen von der Spirale der Gewalt.

15. AUGUST

Algerische Frauen erzählen in einem Gottesdienst von sich. Sie schildern, wie die Islamisten in ihrer Heimat Stadtviertel um Stadtviertel erobert haben. Wenn ein Mädchen kein Kopftuch trug, riskierte sie, dass ihr die Kehle durchgeschnitten wurde. Mein Gott, was für tapfere Frauen, die unter großer Gefahr für Menschenrechte eintreten!

16. AUGUST

Der Glaube ermutigt mich, immer wieder deutlich zu sagen, dass der Ruf Gottes ein Ruf zum Frieden ist und nicht zum Krieg. Gottes Option für die Überwindung der Gewalt ist eindeutig.

17. AUGUST

In der westlichen Welt gibt es zwei Extreme: die ungebrochene Medizingläubigkeit, die Medizin als Wissenschaft überschätzt. Und es gibt die totale Fixierung auf so genannte Alternativen, etwa chinesische Medizin und Homöopathie oder auch die spirituellen Kräfte, von denen in der Esoterik die Rede ist. Die erste Haltung versteht den Körper wie eine Maschine: Ist etwas kaputt, muss es repariert werden. Die zweite Einstellung hält alle wissenschaftliche Erkenntnis für wenig hilfreich – und unterliegt dabei manches Mal der Suggestion. Wahrscheinlich ist es wichtig, Körper und Seele zusammenzusehen, medizinische Errungenschaften zu schätzen und doch nicht zu unterschätzen, wie viele Faktoren bei Krankheit und Heilung im Spiel sind.

18. AUGUST

Krankheit und Gesundheit – das spielt sich nicht nur im Körper ab. Verachten wir die Psyche nicht, das Innere, das Zusammenspiel von Körper und Seele. Schon *Martin Luther* wusste, dass viel daran liegt, ob ein Kranker zu einem Arzt Zuneigung und Zutrauen hat. Nein, wir können nicht alles erklären. Ja, der Glaube, Gebete, Gottvertrauen können Einfluss haben auf Krankheit, können heilen. Und gewiss haben wir keinen Grund, die Medizin zu verachten.

19. AUGUST

Reichtum wird in der Bibel nicht an sich verurteilt. Er wird erst dann kritisiert, wenn er zum Götzen wird, wenn ein Mensch sein ganzes Herz daran hängt. Und das ist in unserer Gesellschaft nun tatsächlich ein Problem. Der Markt ist zur alles beherrschenden Größe geworden – der Mensch wird eingeordnet nach Marktwert. Ob mein Herz am Geld hängt und wie Menschen mit Reichtum umgehen, danach urteilt die Bibel. Wenn jemand wie *Bill Gates* sich innerlich und äußerlich frei zeigt vom »Mammon«, wird er mit den Maßstäben der Bibel ganz und gar nicht verurteilt. Da gibt es eher den Respekt vor der Kraft zur Freiheit, die der Verführbarkeit nicht erliegt.

20. AUGUST

»Ach«, sagt mir ein Kollege, »ich war mit meiner Frau in den Ferien in der Türkei – das tat einfach gut, diese Gastfreundschaft. Stell dir vor, wir wurden sogar spontan eingeladen, bei einer Hochzeitsfeier dabei zu sein. Das war toll …« Ja, das ist immer wieder so. Wir sind fasziniert von der Gastfreundschaft in anderen Ländern. Und wie ist das bei uns? Junge Leute türkischer Abstammung in unserem Land sehen in der Gastfreundschaft einen entscheidenden Unterschied zur innerdeutschen Gesellschaft. Dabei wurden ihre Eltern oder Großeltern doch einst als »Gastarbeiter« hierher geladen.

21. AUGUST

Einer meiner Freunde ist Franzose. Er lebt seit über dreißig Jahren in Deutschland. Seine Mutter war Österreicherin, sein Vater Portugiese. Er hängt Weihnachten Lichterketten auf, ist Greenpeace-Mitglied und geht gern in Edeka-Läden. Ist er »multikulti« oder ein Anhänger deutscher Leitkultur? Eine junge Frau, die ich kenne, stammt aus dem Iran, lebt seit Jahren in Deutschland, ihr Mann arbeitet bei Siemens, ihre Kinder gehen in den evangelischen Kindergarten, sie hat einen 400-Euro-Job und spricht fließend deutsch. Ist sie »multikulti« oder fremd oder deutsch? Wer sind »die« und wer sind »wir«?

22. AUGUST

Jesus wendet sich vor allem an die, die nicht für sich sorgen können. Das ist für unsere Kirche ja manches Mal ein Ärgernis. Nicht nur die Mittelstandsbürger, nicht die Einflussreichen hat er angesprochen. Nein, gerade die am Rande des Weges, denen hat er sich zugewandt. Und auch heute wäre er wohl bei der Prostituierten, dem Obdachlosen, dem Klebstoff schnüffelnden Kind. Das ist die Unruhe, die unsere Kirche immer wieder treibt. Gerade wenn andere ihn hindern wollen, geht Jesus zu den Menschen am Rande. Und sendet damit heute uns. Gerade die, deren Leben nicht in vollen Farben blüht, sieht er an. Gibt ihnen diese Chance für ein Leben in Fülle.

23. AUGUST

Wie sieht es aus bei den offiziellen Empfängen? Herr X und Herr Y kommen mit der Ehefrau an ihrer Seite, das sieht gut aus, kommt gut an, und es ist eher sekundär, ob es Ehefrau Nummer zwei, drei oder vier ist. (Eine Frau mit viertem, wesentlich jüngerem Ehemann, die wäre wahrscheinlich schon eine kleine Sensation.) Erfolgreiche Frauen sind oft alleinstehend, weil sie Berufstätigkeit und Familie nicht verknüpfen können.

24. AUGUST

Was ist zu tun, um die weitere wirtschaftliche Entwicklung in eine nachhaltige und alle Menschen einbeziehende Richtung zu treiben? In realistischer Bescheidenheit sollte Wirtschaft nur versprechen, was sie auch einlösen kann. An viele Produkte werden heute mittels einer ausgeklügelten Werbung Heilsversprechen gekoppelt, die zum Beispiel den Kauf eines PCs oder den Konsum einer bestimmten Whiskeysorte mit Lebensglück in Verbindung bringen. Das alles ist maßlos übertrieben, nicht einzulösen und trägt geradezu zur Krise des Wertesystems unserer Gesellschaft bei.

25. AUGUST

Freiheit im christlichen Sinne ist immer eine Freiheit, die sich bindet an Gottes Wort. Freiheit heißt deshalb auch nicht, jeden sterben zu lassen, wann es gerade gut passt. Eine Todespille für Selbstmordgefährdete und Lebensmüde. Nein, das bedeutet diese Freiheit nicht. Sie meint vielmehr, dass ich mich auch im Leiden und im Sterben Gott anvertrauen kann.

26. AUGUST

Solche Freiheit berührt zuallererst Glaubensfragen, jeder Zwang wird hier abgewehrt. Daraus entsteht die Freiheit des Gewissens, die sich dann als verantwortliche Freiheit im persönlichen und öffentlichen Leben umsetzt. Freiheit im evangelischen Sinne ist deshalb nie der Libertinismus, mit dem Freiheit heute allzu oft verwechselt wird, sie ist nie die Banalisierung und Trivialisierung von Werten und Standpunkten. Nein, um Verantwortung geht es und um Bindung an Gottes Wort. Freiheit im evangelischen Sinne ist deshalb auch nie liberal im Sinne von absoluter Individualität, sondern weiß sich bezogen auf Gemeinschaft.

27. AUGUST

Gerade weil Gott lebendig ist, weil Gott Leben will und dem Leben zugewandt ist, ist es möglich, das Sterben anzusehen. Jesus hat uns gezeigt, dass Leiden zum Leben gehört. Ein Leben ohne jede Erfahrung von Leid ist nicht unbedingt besonders erfülltes Leben. Wer Leiden kennt, kennt auch Lebenslust. Zum Leben in Fülle gehören Freude wie Leid.

28. AUGUST

Die Seligpreisungen haben Menschen fasziniert, empört, begeistert und gestärkt durch all die Jahrtausende, seit sie vom Evangelisten Matthäus überliefert wurden. Kein anderer Text des Neuen Testamentes stellt eine so große Herausforderung, eine so heftige Anfrage an die Lebenswirklichkeit dar. Kein anderer Text ist so voller Hoffnung, dass alles ganz anders sein könnte und eines Tages in Gottes Zukunft auch ganz anders sein wird.

29. AUGUST

Selig, die da Leid tragen, denn sie sollen getröstet werden. Wissen Sie, wie viel Zuspruch darin liegen kann für einen Menschen, der Trost sucht und keinen Weg aus seiner Trauer findet? Ich sehe das manches Mal in den Augen der Menschen, wenn ich ihnen diesen Vers beim Abendmahl zuspreche.

30. AUGUST

Selig die, die wegen des Glaubens an Jesus Christus geschmäht werden. Bei diesem Satz denken wir zu Recht an die, die für ihren Glauben verfolgt werden, in Indonesien, im Sudan, in Pakistan. Aber wohl auch in unserem eigenen Land gilt er – wenn es lächerlich erscheint, in einem modernen Zeitalter noch an Gott, an Jesus Christus zu glauben.

31. AUGUST

Das Reich Gottes vergleicht Jesus mit einem Senfkorn. Das ist ein Bild gegen alle Erfahrung, genauso wie die Rede davon, dass im Reich Gottes die Sanftmütigen selig sind und die Barmherzigen und die, die reinen Herzens sind. Nicht eben die Starken, die Durchsetzungsfähigen, die Reichen, Schönen und Schlanken.

SEPTEMBER

1. SEPTEMBER

Mit einem winzigen Senfkorn vergleicht Jesus das Reich Gottes. Ein Senfkorn, das zu einem großen Baum werden kann. Das Senfkorn fängt an zu keimen, wo es Wärme und Licht gibt. Deshalb können wir uns sagen: Wir geben dem Senfkorn des Reiches Gottes eine Chance. Wir lassen es nicht vertrocknen und nicht ersaufen, wir lassen es nicht verdorren, sondern hegen und pflegen es, ja pflanzen dieses Senfkorn immer neu, jeden Tag. Übersetzt könnte das heißen: Wir halten am Glauben fest. Mit unseren Gebeten können wir als Christinnen und Christen die ganze Welt umspannen. Könnte es nicht auch eine durchbetete Welt geben, die etwas erkennen lässt von Gottes Zukunft? Das Reich Gottes: es wird wachsen wie ein Baum, blühen wie die Liebe. Und ich bin sicher, dieser Baum wird unübersehbar sein in unserer Zeit und Welt.

2. SEPTEMBER

Ernst Bloch hat am Ende seines Buches »Prinzip Hoffnung« gesagt, Heimat sei ein Ort der Sehnsucht, an dem noch niemand gewesen sei. Vielleicht ist auch die Familie so ein Ort der Sehnsucht, den wir nie perfekt gestalten können, der aber Liebe, einen Schatz innerer Bilder, Kraft geben kann, das Leben in verbindlicher Beziehung zu gestalten. Diese Verbindlichkeit hat unsere auseinanderfallende Gesellschaft nötig. Und deshalb ist die Familie jede Investition an Kraft, Zeit, Geld, Liebe und Geduld wert.

3. SEPTEMBER

Ein Mensch kann blind sein vor Angst. Was gibt uns den Mut, hinzusehen? Den Blinden in einer Geschichte des Neuen Testaments hat Jesus gefragt: Was willst du, dass ich für dich tun soll? Und der antwortete: Herr, dass ich sehen kann. Der Blinde muss selbst sagen, was er will. Er muss selbst benennen, wonach er sich sehnt. Und er erkennt selbst, wem er begegnet. Jesus gibt ihm den Mut, sich selbst schonungslos anzuschauen, weil er mit den Augen der Liebe angesehen wird. Die Blindenheilung ist und bleibt ein Wunder. Unverfügbar. Sie ist aber auch ein Angebot, sich die Augen öffnen zu lassen für das eigene Leben.

4. SEPTEMBER

»Christus ist unser Friede«, das ist eine Zusage und eine Herausforderung zugleich. Es sagt uns zu, dass wir nicht darum ringen müssen, irgendetwas zu leisten, um Menschen oder Gott zu imponieren. Nein, Gott imponieren wir schon längst, weil wir nämlich Gottes Geschöpfe sind. Und anderen brauchen wir nicht händeringend zu imponieren, wenn wir wissen, wer wir sind: Gottes Kinder. Den inneren Frieden, den das mit sich bringt, kann uns kein Gehaltsstreifen, keine Anerkennung durch Menschen, kein Besitz verschaffen.

5. SEPTEMBER

Es gibt kein Entrinnen. Mit Ärger habe ich die ersten Lebkuchenherzen bei »Plus« Anfang September quittiert. Es war ein heißer Tag. Deshalb ging ich anschließend im ärmellosen Sommerkleid auf der Suche nach Sonnenmilch zu »Schlecker« – und sah mich mit einem Regal voller Weihnachtsmänner konfrontiert. Was tun? Lachen? Sich ärgern? Ich habe mich entschlossen, diesen Blödsinn erhobenen Hauptes zu ignorieren und daran zu denken, wie überdrüssig ich der Lebkuchen wohl in der Adventszeit sein werde, wenn ich sie jetzt schon esse. Nein, ich will die Jahreszeiten und Rituale nicht alle mischen, ich finde es schön, zu warten, sich zu freuen. Alles hat seine Zeit. Und Advent ist im Dezember.

6. SEPTEMBER

Was sind Ihre Lebensträume? Vielleicht sagen Sie jetzt: Ach, die persönlichen Lebensträume, das ist doch eine Sache der Jugend. Da träumt man von einem bestimmten Leben. Von der großen Liebe! Da habe ich davon geträumt, Astronaut zu werden und den Himmel zu erobern. Ich habe davon geträumt, eines Tages vom Prinzen auf das Pferd gezogen zu werden und davonzureiten in ewiges Glück. Warum aber sollten Träume der Jugend vorbehalten sein? Es tut gut, zu träumen. Und manchmal inspirieren Träume ja auch, das Leben zu verändern. Und sei es nur ein wenig hier und ein wenig da.

7. SEPTEMBER

Es gibt eine große Sehnsucht danach, heil zu werden, Ganzheit, ein Überwinden der Brüche im Leben zu erfahren – über alle unsere Makel, unser Versagen, unsere ungelösten Fragen hinweg. Liebe deinen Nächsten wie dich selbst! Da geht es in der Betonung um den Nächsten, ja! Aber eben auch um uns selbst, darum, sich annehmen zu können, Heil zu spüren. Jesus Christus als Heiland zu bezeichnen, ist dann gar nicht so altmodisch.

8. SEPTEMBER

Die Angst vor dem Tod in Abhängigkeit von Maschinen ist nun gerade entstanden unter den Bedingungen des so genannten Fortschrittes. Die technisch geleistete Lebensverlängerung verunsichert Menschen. Deshalb gilt es meines Erachtens, die passive Sterbehilfe zu stärken – auch, indem wir mit Betroffenen, Angehörigen und Pflegepersonal darüber sprechen –, Patientenverfügungen Anerkennung zu verschaffen, Ärztinnen und Ärzte zu ermutigen zum Sterbenlassen, das sie oft sehr einsam entscheiden müssen. Vor allem wird es wichtig sein, die Palliativmedizin zu fördern; denn immer noch müssen mehr als zwei Drittel der knapp 210.000 Menschen, die in Deutschland jedes Jahr an Krebs sterben, in der letzten Lebensphase schlimme Schmerzen ertragen, und es gibt immer noch zu wenige Schmerzmediziner hierzulande. Da ist Deutschland wahrhaftig Entwicklungsland. Als Kirche sollten wir uns energisch für den Palliativdienst einsetzen. Gleichermaßen gilt es, den Hospizdienst weiterhin sowohl ambulant wie auch stationär auszubauen. Und drittens sollten wir aufmerksam verfolgen, wie es um die Diskussion mit Blick auf die Würde von Wachkoma-Patienten steht. Auch ihre Würde zu achten, Angriffe auf ihr Lebensrecht abzuwehren, das wird eine Aufgabe engagierter Christinnen und Christen sein.

9. SEPTEMBER

»Der Christenmensch ist ein freier Herr aller Dinge und niemandem Untertan. Der Christenmensch ist ein dienstbarer Knecht aller Dinge und jedermann untertan« (Martin Luther). Über die Jahrhunderte hinweg ist das eine unübertroffene, ja großartige Kurzbeschreibung des Spannungsverhältnisses. Die Freiheit eines Christenmenschen ist also einerseits ganz ohne Voraussetzung, schlicht: geschenkte Freiheit. Und doch ist sie nicht ohne Folgen. Niemandem untertan – wie wichtig ist das auch heute! Ganz gleich, was die Menschen sagen, egal, wie ich auf der Hierarchieleiter eingestuft werde, Gott sagt mir Lebenssinn zu. Der sterbende alte Mensch ist nicht weniger wert als der millionenschwere Fußballprofi oder das schöne Model auf dem Laufsteg. Aus Sicht des Glaubens zählt ein Mensch jüdischen Glaubens nicht weniger als ein Christ, ein Muslim ist nicht weniger Geschöpf Gottes mit eigener Würde als ein Humanist. Jeder Mensch hat eine eigene Würde, weil jeder Mensch einen Schimmer des Ebenbildes Gottes in sich trägt. Gott sagt mir Sinn zu, nicht die Erfolgskategorien dieser Welt.

10. SEPTEMBER

Pastor *Jürgen Loest* hat seine ganz alltäglichen Erfahrungen in einer ganz normalen Gemeinde veröffentlicht, und stellt fest: »Man muss den Menschen Handwerkszeug gegen die Angst geben, Rituale gegen die Angst.« Das ist wohl eine vordringliche Aufgabe der Kirche. Da geht es um die Liebe zu den Menschen. Das Wahrnehmen und Ernstnehmen ihrer Ängste. Und die Offenheit für Fragen. Wie stellen wir uns denn Auferstehung vor? In dem Leib, in dem wir sterben? Oder was bedeutet es, wenn Paulus schreibt: »Es wird gesät verweslich und wird auferstehen unverweslich«? (1. Korinther 15,42) Doch, darüber müssen wir sprechen! Wo ist der Mensch nach dem Tod? Das sind doch ganz konkrete Fragen! Und ich weiß, wie viele daran verzagen, dass im Alltag von Klinik und Pflege schlicht keine Zeit dafür ist. Wir dürfen glauben, dass Gott uns hält und trägt über unseren Tod hinaus. Das ist eine Gnade, ein Geschenk. Das ist auch eine Botschaft, die Menschen viel bedeuten kann. Seien wir offen für ihre Fragen und bereit zu antworten und auch Ängste und Zweifel zu teilen.

11. SEPTEMBER

Am »Ground Zero« in New York gibt es die St. Paul's Chapel, erbaut 1766. Eine kleine Kirche, die fast verschwindet zwischen den vielen Hochhäusern. Aber sie hat das Attentat vom 11. September 2001 überstanden und wurde zum Ort, an dem die Hilfskräfte Atem schöpfen konnten, eine Ruhepause, eine Mahlzeit gefunden haben. Ein Ort, an dem Geistliche aller Religionen Beistand geleistet haben. Ein Zeichen der Hoffnung mitten im Grauen. Wie gut, dass es solche Orte gibt!

12. SEPTEMBER

In den Jahren nach 2001 ist der »Ground Zero« in New York eine Touristenattraktion geworden. Lachend stellen sich Menschen vor die Kamera, die Fläche der ehemaligen Twin Towers im Hintergrund. Das tut fast weh.

13. SEPTEMBER

Respekt vor unserem Glauben und dem Ort, an dem Gebet, Gottes Wort, die Feier des Abendmahls im Mittelpunkt stehen, ist mir im Laufe der Jahre immer wichtiger geworden. Besonders schlimm ist es, wenn Gotteshäuser in kriegerischen Auseinandersetzungen zerstört werden – das ist der Versuch, die tiefsten Gefühle anderer zu verletzen. Es ist gut, dass wir auch in unserem Land die besonderen Räume des Glaubens neu entdecken und schätzen lernen. Es gilt, sensibel mit unseren Gotteshäusern umzugehen, die Menschen durch Jahre und Jahrzehnte und Jahrhunderte lieb hatten und die viele heute ebenso lieben, wie es Psalm 26 vor Jahrtausenden ausdrückte: »Herr, ich habe lieb die Stätte deines Hauses und den Ort, da deine Ehre wohnt.«

14. SEPTEMBER

»Weil die Toten schweigen, beginnt alles wieder von vorn!« Das ist ein starker Satz, *Gabriel Marcel* hat ihn gesagt. Stellen wir uns vor, wir hörten nicht nur das Seufzen der Kreatur, sondern die Toten. Wenn wir sie hören würden, wir würden wohl alles daran setzen, endlich Kriege und Hunger zu besiegen.

15. SEPTEMBER

Die Toten der vielen grauenvollen Kriege – Ich bin mir sicher, wenn sie könnten, sie würden so laut schreien, dass es keiner wagen würde, Minen, Granaten, Streubomben, Atomwaffen überhaupt nur zu bauen, geschweige denn, damit zu handeln und sie einzusetzen. Wenn die Toten aus den Folterkammern Argentiniens, Südafrikas, Grosnys, die Gefolterten aus den Konzentrationslagern der Nazizeit und des Stalinismus und Abu Grahibs, die Toten der Völkermorde in Armenien und Ruanda nicht schweigen würden, wir müssten nicht mehr lange über Menschenrechte diskutieren, sondern die Würde jedes Menschen wäre wahrhaftig unantastbar.

16. SEPTEMBER

Sondern erlöse uns von dem Bösen – Das Böse, das sind nicht dunkle Mächte in Horrorfilmen. Krieg, Vertreibung, Unrecht – das Böse ist für viele Menschen sehr real erfahrbar in der Welt!

17. SEPTEMBER

1992 wurde ich gebeten, in einer Frauendelegation nach Kroatien zu fahren. Wir haben die Lager besucht, in denen Frauen und Mädchen versorgt wurden, die zur Abschreckung im Krieg systematisch vergewaltigt worden waren. Eine solche Verzweiflung, solcher Hass – das ist ein unbeschreibliches Elend. Selbst vor elf- und zwölfjährigen Mädchen hatten die Soldaten nicht Halt gemacht. Wie sollen diese Mädchen und Frauen wieder einen Platz im Leben, ja Lebensmut finden? Und was wird geschehen mit den Kindern, die aus diesen Vergewaltigungen hervorgehen? Es ist leicht für so manchen Kirchenführer, auch hier gegen Abtreibung zu argumentieren. Was diese Situation aber für Mutter wie Kind existenziell bedeutet, davon hat er wahrscheinlich keine Ahnung.

18. SEPTEMBER

Gott ist bei uns, gerade wenn wir leiden, gerade dann, wenn wir Angst haben. Jesus selbst kennt Leid und Tod – und eben auch die Überwindung des Todes. Diese Gewissheit lässt uns nicht sprachlos bleiben angesichts von Angst, oder Leid, oder Tod, sondern von Hoffnung reden. Nichts braucht die Welt in diesen Tagen mehr als diese Hoffnung, dass Menschen zusammenleben können unter dem Baum des Friedens.

19. SEPTEMBER

Wer sich gegen den Krieg ausspricht, wird schnell als naiv angesehen. Doch Krieg hat auch im Irak keinen Frieden gebracht, und aus Afghanistan ziehen die westlichen Armeen jetzt ihre Truppen ab. Der Name Gottes wurde blasphemisch missbraucht von Christen und Muslimen. Gott ist kein Kriegsherr, Gott ist ein Friedensstifter! Gott sagt nicht: Ich bin mit denen, die Waffen haben, sondern: Selig sind die Friedfertigen! Wer das ignoriert, hat nicht verstanden, was Glauben heißt. Glauben meint den Mut, sich ganz und gar Gott anzuvertrauen. Sich von Gott gehalten und getragen zu wissen. Sich von Gott tragen zu lassen in guten und in schlechten Zeiten wie von einem Strom des Guten, der Liebe, des Rechts.

20. SEPTEMBER

Wenn wir alle permanent zappen, telefonieren, simsen und surfen, was bedeutet das überhaupt für unsere Kommunikation von Mensch zu Mensch? Was macht das mit unserer Seele? Wenn wir immer nur funktionieren, verlieren wir irgendwann uns selbst. Es gibt da diese Geschichte von einem Indianer, der das erste Mal in einem Auto mitfährt. Nach einer Weile bittet er darum, dass angehalten wird, und setzt sich an den Straßenrand. Als der Fahrer fragt, was er da macht, sagt er: »Ich warte darauf, dass meine Seele hinterherkommt.« Das gefällt mir, in dieser Geschichte kommt zum Ausdruck, was heute oft passiert – unsere Seele bleibt auf der Strecke, wenn unser Leben sich immer schneller dreht.

21. SEPTEMBER

Wir erfahren Gott: das ist überwältigend, eine Gipfelerfahrung. Und dann: Müssen wir wieder runter vom Gipfel. Aber wir verlassen den Berg mit Hoffnung im Herzen. Wir sehen Gott und uns und die Welt verwandelt, verklärt, in einem neuen Licht. Warum Leid, warum Angst, warum Krieg? Wie kann Gott das zulassen? Wir können das Tal nicht einfach verlassen. Aber: nur wer sich auf den Berg wagt, kommt aus der Ebene des Alltags heraus. Wir bekommen Abstand. Die himmlischen Begegnungen nähren unsere Seele für die Talerfahrungen.

22. SEPTEMBER

Die Gotteserfahrung ist beängstigend. Die Welt erscheint in einem anderen Licht. Unser Leben erscheint in anderem Licht. Wir werden Grenzgänger zwischen Himmel und Erde, weil wir neue Freiheit erfahren, eine Freiheit von dem, was die Welt an die erste Stelle der Tagesordnung setzt. Das ist die Freiheit der Kinder Gottes! Zu dieser Freiheit gehört Mut.

23. SEPTEMBER

Nachfolge ist nichts, was ich tue, kein Werk, nein. Nachfolge ist Ruf in die Freiheit, Befreiung von Bindungen, nicht von Verantwortung. Nachfolge ist christliche Lebenshaltung, die, wo immer der Mensch lebt, Gott über alle Dinge liebt und den Nächsten wie sich selbst. Das ist und bleibt ein Wagnis, ja, vielleicht ein Abenteuer. Auch heute.

24. SEPTEMBER

Es sind schon manche Reiche zerfallen vom Römischen Reich bis zur Sowjetunion, die glaubten, ewig Bestand zu haben. Geblieben ist die Hoffnung der Menschen auf Gottes Anwesenheit, auf Gottes Begleitung. Sie wird nie vollkommen beantwortet, bis Gott eines Tages unter uns wohnen wird. Aber eine Spur davon finden wir.

25. SEPTEMBER

Denn dein ist das Reich und die Kraft und die Herrlichkeit in Ewigkeit. Politische Konstrukte, Kraft und Leistung der Menschen, all das, was wir sehen und bewundern, sind zeitliche Erscheinungen. Reiche vergehen, Lebenskräfte schwinden, Ehre und Ruhm sind zeitlich bedingt. All das, was Gottes ist, wird ewig sein.

26. SEPTEMBER

Engel sind Botschafter, die zeigen: Es gibt mehr, als wir sehen, Gottes Wirklichkeit ist größer als wir es erfassen. Wir erahnen neu etwas von der Realität Gottes mitten in unserer Welt.

27. SEPTEMBER

Medizinischer Fortschritt kann dazu führen, dass Menschen ein Machbarkeitsgefühl der Gesundheit gegenüber entwickeln – nach dem Motto: Das muss doch zu reparieren sein! Gesundheit, Heilung kann zur Ideologie werden, wenn die Perfektion des Körpers machbar scheint. Dass Heilen nicht nur ein technischer Prozess ist, sondern dass auch die Seele heil werden muss, wird oft unterschätzt.

28. SEPTEMBER

Menschen dürfen forschen, fragen, Phänomene erkunden: Warum brennt der Dornbusch, was geschieht da? Aber das Leben selbst, das Gott geschenkt hat, ist heiliges Land. Das dürfen wir nicht betreten und nicht zur Disposition stellen. So ist der Embryo von Anfang an schützenswert. Das Leben gehört Gott, am Anfang wie am Lebensende, durch das ganze Leben hindurch.

29. SEPTEMBER

Fremde können bedrohlich wirken, ja als Feinde wahrgenommen werden und auch Feinde sein. Jüngste Studien haben erwiesen, dass Länder keine Kriege miteinander beginnen, die wirtschaftlich eng verflochten sind und zudem demokratische Strukturen haben. Daran gilt es also zu arbeiten, dazu zu ermutigen.

30. SEPTEMBER

»Damit aus Fremden Freunde werden, kamst du als Mensch in unsre Zeit«, heißt ein Lied im Gesangbuch. Das ist für mich immer faszinierend an unserem Glauben: Er existiert in allen Nationen der Erde. Wir sehen einander als Schwestern und Brüder über unsere kulturellen Unterschiede hinweg. In Christus gibt es nicht mehr Jude noch Grieche, schreibt Paulus (Galater 3,28). Auf dieser Grundlage kann Fremdheit bestehen bleiben – und gleichzeitig Freundschaft wachsen. Weil jeder Mensch Gottes Ebenbild ist, kann ich im anderen Gott erkennen.

OKTOBER

1. OKTOBER

Was ist der Mensch? Wie bestimmen wir das Wesen des Menschen? Natürlich könnten wir kurz und knapp antworten: Der Mensch besteht aus Fett, Zucker und zu 75 Prozent aus Wasser. Oder: Ein durchschnittlicher Europäer oder eine Europäerin verbringt in 75 Lebensjahren dreieinhalb Jahre mit Essen, neun vor dem Fernseher, und produziert in dieser Zeit 40.000 Liter Urin. Oder wir bestimmen ihn emotional: Der Mensch ist ein Wunder – schaut euch ein neugeborenes Baby an. Es gibt auch eine biblische Definition des Menschen: »Und Gott schuf den Menschen zu seinem Bilde, zum Bilde Gottes schuf er ihn« (1. Mose 1,27).

2. OKTOBER

Ein Gottesdienst in Johannesburg begann mit der Nationalhymne: »Nkosi sikelele Afrika!« (Gott segne Afrika). Mit erhobenen Fäusten wurde sie gesungen. Mir war unbehaglich. Unvorstellbar: ein Gottesdienst in Deutschland, der so beginnt! Aber vielleicht liegt das einfach an so grundsätzlich verschiedenen geschichtlichen Erfahrungen. Hier der Stolz auf die eigene Nation, die Erfahrung von Befreiung. Bei uns das Wissen um Schuld, um Versagen von Gerechtigkeit im Namen der Nation.

3. OKTOBER

Tag der Deutschen Einheit. Es ist ja gar nicht so leicht, unbefangen Deutsche zu sein. Und doch bin ich es gerne. Wir können uns der Geschichte stellen. Wir wissen um entsetzliche Schuld und um Vergebung. Wir können die Einheit unseres Volkes als Geschenk sehen. Als Geschenk und als Verpflichtung, aus der Geschichte zu lernen. »Keine Gewalt!«, dieser Ruf wurde 1989 aus den Kirchen auf die Straßen von Leipzig und Dresden und Ostberlin getragen. So wurde das Wunder der ersten gewaltfreien Revolution in unserem Land möglich. Und heute können wir das Geschenk der Einheit aus Gottes Hand nehmen, unsere Hände ausstrecken über die Grenzen in den Köpfen in Ost und West. Und unsere Hände ausstrecken zu Menschen aus anderen Nationen, die um uns herum und unter uns leben.

4. OKTOBER

Ich besuche einen Landwirt. Seit Generationen ist der Hof in Familienbesitz. Aber die Milchquoten aus Brüssel und der Zwang zur Ökonomisierung machen eine Zukunft auf dem Hof unmöglich. »Er kann nicht überleben«, flüstert mir der Fachmann von der Seite zu. Aber wie soll der Landwirt das verstehen, schließlich haben Generationen vor ihm so überlebt. Und die anderen? Kaufen die billigste Milch im billigsten Laden, billiger als Mineralwasser.

5. OKTOBER

Unser tägliches Brot gib uns heute – Der Mensch lebt nicht vom Brot allein. Aber er ist nichts ohne das tägliche Brot. Täglich dankbar sein für die Nahrung – dafür geht manchen in den reichen Industrienationen das Bewusstsein verloren. Die Bitte um das tägliche Brot ist elementar. Das wissen alle, die hungern müssen in unserer Welt. Es geht aber auch immer um das andere Brot, um das, was meine Seele ernährt, um das Lebensbrot, das uns innerlich frei macht.

6. OKTOBER

Ob den Menschen in unserem Land das Gefühl dafür abhanden kommt, dass sie mit ihren eigenen Händen etwas schaffen? Manche verdienen ihr Geld damit, dass sie am Computer sitzen und große Geldmengen von hier nach da verschieben. In Zukunft soll vor allem im so genannten dritten Sektor verdient werden, in der Dienstleistung, nicht im Handwerk, das höre ich so manches Mal. Aber wehe dem Land, das das Handwerk gering schätzt! Was, wenn es keinen Strom gibt und alle Computer abgestürzt sind? Was tun wir ohne Bäcker, Maurer, Metzger? Es ist nicht klug, wenn wir die großen alten Errungenschaften missachten.

7. OKTOBER

Erntedank ist eine Gelegenheit, den Blick vom Supermarktregal auf das Kornfeld zu lenken. Die Erde bebauen und bewahren. Brot haben für alle. Brot für Menschen, und nicht für Märkte. Noch wissen, woher das Brot stammt. Die Menschen in der Landwirtschaft anerkennen für ihre Leistung, für Brot, das nach Brot schmeckt. Brot, dessen Wert erkannt wird.

8. OKTOBER

Nicht nur auf die Früchte, die mein Leben zeigt, kommt es an, sondern vor allem darauf, ob dieses Leben verwurzelt ist in Gott. Das Leben ist nicht nur schwarz-weiß, gut und böse – da gibt es viele Zwischentöne, es ist komplex und vielfältig, es gibt Scheitern und Versagen. Entscheidend aber ist, ob wir einen festen Grund haben in guten und in schweren Zeiten.

9. OKTOBER

In Brasilien habe ich Xukuru kennengelernt – das sind Angehörige eines alten Indianerstamms im Norden des Landes. Vor mehr als hundert Jahren wurden sie von ihrem Land vertrieben. Als der junge Häuptling erkannte, dass das Leben in den Vorstadtslums von Recife und der Alkohol seinen Stamm endgültig vernichten würden, kehrte er mit einem Teil seines Volkes zurück in die alte Heimat und besetzte ein Stück von dem Land, das ihnen genommen worden war. Es war ein unbeschreibliches Elend, in dem sie da im Regen hausten. Und doch war da auch eine wunderbare Hoffnung: Sie hatten Samen ausgesät und hofften auf Ernte. Ihr größter Stolz war ein 16-jähriges Mädchen, das einen kleinen Jungen zur Welt gebracht hatte – das erste Xukurukind auf Xukuruland seit über einhundert Jahren! Drei Monate später erhielt ich eine E-Mail: Der Großgrundbesitzer hatte die Xukuru mit Waffengewalt wieder von ihrem Land vertrieben …

10. OKTOBER

Es ist wichtig, auch von Schuld zu reden, nicht nur von Strafe und Rache. Wir können hinsehen, ansehen, was so unansehnlich an uns ist. Im Kleinen wie im Großen, mit Blick auf uns selbst, unsere Gemeinschaft, unser Land. Da gibt es immer wieder Neidgefühle, üble Nachrede, sinnlosen Streit um Nichtigkeiten. Wir können das vor Gott aussprechen, Gott anvertrauen im Gebet. Und wir können auf Versöhnung und Neuanfang hoffen. Vielleicht vor allem auf die Gabe, Wichtiges von Unwichtigem zu unterscheiden.

11. OKTOBER

Und vergib uns unsere Schuld – Das ist die wirkliche Befreiung, dass wir unsere Schuld bei Gott eingestehen können, all unser Scheitern und Versagen, unsere Kleinlichkeit. So finden wir auch die Freiheit, zu sagen: *wie auch wir vergeben unsern Schuldigern.* Selbst vergeben können, führt zur wahren Freiheit.

12. OKTOBER

Soll der Glaube etwa die Menschen in Angst und Schrecken versetzen, wie die Kirche das in ihrer Geschichte ja durchaus getan hat? In Amerika habe ich das kürzlich in einer Predigt gehört. Da ist Glauben dann das Produkt der Angst vor der Hölle. Von solchem Drohen mit erhobenem Zeigefinger halte ich nichts, das ist eine reine Gesetzespredigt. Sicher, Gott hat auch einen Anspruch an uns, es geht in allem Ernst um die Verantwortung für unser Leben, um die Früchte unseres Lebens. Aber zuallererst kommt Gottes große Zusage: Du bist geschaffen, gewollt, geliebt.

13. OKTOBER

Unsere Gesellschaft leidet unter einem Verlust an Erinnerungskultur. Dabei stehen wir doch alle in einer Tradition, verdanken uns den Vorfahren, können lernen aus der Geschichte. Erinnere dich!, Gedenke!, heißt es immer wieder in der Bibel. Wenn wir unsere Geschichte vergessen, verlieren wir den Boden unter den Füßen.

14. OKTOBER

Gemeinsame Festtage geben dem Leben Kraft, weil sie Höhepunkte sind. Deshalb gilt es, neue Formen zu entdecken, wie wir den Sonntag als Feiertag gestalten. Feiertag – das heißt nicht, im Bett bleiben statt aufzustehen, fernsehen bis zum Umfallen, sich betrinken. Feiertag heißt, sich auf das Leben besinnen. Loslassen: den ewigen Kampf in der Arbeitswelt, den Streit in der Familie, das Leiden unter der Einsamkeit, die Verzweiflung an der Krankheit. Es geht um das Aufspüren der Freiheit im Leben. Der Feiertag verweist auf die Schönheit des Lebens, auf die Lebensfreude, die Gott geschaffen hat.

15. OKTOBER

Kann Jesus heute ein Vorbild sein? Ich denke, schon. Alle suchen doch geradezu nach Beispielen von Nachfolge. Martin Luther King, Bischof Desmond Tutu, Franz von Assisi, Hildegard von Bingen – sie werden gerade auch von jungen Menschen bewundert, weil sie glaubwürdig sind. Uneigennützig. Überzeugend. Im Glauben verwurzelt. Es gibt eine Art Sehnsucht nach Gott, nach Religion, nach Spiritualität. Es geht darum, zu zeigen, wie christlicher Glaube ganz konkret gelebt wird, im Singen und Beten, in Gemeinschaft, im Eintreten für Menschen am Rande, die Obdachlosen und Alten, die Behinderten und Einsamen. Zur Nachfolge Jesu gehört immer das Eintreten für andere.

16. OKTOBER

Nachfolge darf nicht mit Verantwortungslosigkeit verwechselt werden. Es geht beispielsweise darum, sich unabhängig zu machen von der Ablenkungsgesellschaft. Freiheit zu finden. Vertrauen zu wagen. Nachfolge, das ist Vertrauen in die Liebe Gottes, wie sie sich in Jesus gezeigt hat. Der Nachfolgegedanke wird stets ein kritisches Potenzial in den Menschen wachhalten, das gilt gegenüber Welt wie Kirche. *Martin Luther King* hat es so gesagt: »Lasst uns so nicht-angepasst sein wie Jesus von Nazareth, der in die Augen der Frauen und Männer seiner Generation sah und ausrief: Liebet eure Feinde. Segnet, die euch fluchen.«

17. OKTOBER

»Von allen Seiten umgibst du mich und hältst deine Hand über mir. Diese Erkenntnis ist mir zu wunderbar und zu hoch, ich kann sie nicht begreifen.« (Psalm 139) Vielleicht hat der Psalmbeter recht: Wir können Gott nicht begreifen, das wäre ja auch vermessen … Aber doch dürfen wir glauben, dass Gott uns birgt und begleitet und hält wie beispielsweise eine liebende Mutter.

18. OKTOBER

Das gehört offensichtlich zum Menschsein: Wir sehen zuallererst uns selbst. Wie es mir geht, wie ich mich fühle, was in meinem Leben gelingt oder scheitert, das gehört in den Mittelpunkt. Die anderen, die Welt, das folgt offensichtlich immer erst an zweiter Stelle. Der Mensch ist selbstbezogen, so sehr wir auch als Kirchen etwa immer wieder an das soziale Gewissen, an Verantwortung und Nächstenliebe appellieren. Und – das können wir nicht leugnen – die Reformation hat an diesem Individualismus durchaus Anteil.

19. OKTOBER

Problematisch erscheint mir die Wellness-Bewegung da, wo Menschen meinen, in Wellness ihren Lebenssinn zu finden. Denn die Versprechen der Wellness-Angebote lauten: »Sie fühlen sich wie neu geboren!« – »Wann haben Sie das letzte Mal etwas für sich selbst getan?« (Ich denke natürlich gleich: Wann hast du das letzte Mal etwas für jemand anderen getan!) – »Weil ich es mir wert bin« – »Uns geht es um Ihr Wohlbefinden« – »Get this feeling!« – »Ihr individuelles Wohlfühlprogramm!« – »Hier finden Sie Ihren eigenen Weg, sich immer wieder wie neu geboren zu fühlen« – »Erschaffe dich neu« – »Entdecken Sie neue Quellen der Kraft für Körper, Geist und Seele!« – Was, wenn der Körper nicht mehr mithalten kann, wenn ich gebrechlich werde oder ernsthaft krank?

20. OKTOBER

Martin Luther hat sehr richtig erkannt: Woran wir unser Herz hängen, das ist unser Gott. Und es kann sehr schnell das eigene Wohlbefinden sein, woran wir unser Herz hängen, oder unser Gefühlsleben oder der eigene Körper. Dann wird der Selbstwert nicht von außen, etwa von Gott zugesprochen, oder aus der Persönlichkeit gewonnen oder dem eigenen Tun, sondern aus dem Design – mit allen Folgen, mit aller Verletzbarkeit.

21. OKTOBER

Die Konzentration auf sich selbst ist für viele ja wohl fast eine Art Überlebensstrategie des Wegsehens geworden. Wie sollen wir denn sonst die Nachrichten von hungernden Kindern in Afrika, dahinvegetierenden Behinderten in Rumänien, Prostitutionselend in Thailand verkraften? Der Glaube aber gibt uns die Freiheit, unseren Blick auf die Not unserer Zeit zu lenken, von der die meisten sich am liebsten abwenden.

22. OKTOBER

Mir liegt daran, dass wir auch in den Kirchen das Thema Zwangsprostitution und Menschenhandel aufgreifen, und zwar hierzulande, da, wo wir wohnen. Es sind die Freier in unserem Land, die den Markt bestimmen, und es sind die Verbrechersyndikate hier, die diesen grauenvollen Frauenhandel möglich machen. Dem muss endlich der Kampf angesagt werden. Nicht mit Gewalt, aber mit der Macht des Wortes, der Öffentlichkeit.

23. OKTOBER

Gottebenbildlichkeit ist für Christinnen und Christen von zentraler Bedeutung. Jesus hat sie bestätigt, indem er in jedem Menschen Gottes Ebenbild gesehen hat, sei er krank (Matthäus 8,2), aus dem Ausland und noch dazu eine Frau (Johannes 4), sei er reich und begabt (Matthäus 19,16–22) oder gesellschaftlich verfemt (Matthäus 21,32). So hat uns Jesus noch einmal gezeigt, was diese Aussage der Schöpfungsgeschichte, diese Zuwendung in Liebe, tatsächlich bedeutet. Wo ist Gott? Schon bei den Propheten im hebräischen Teil der Bibel wird davon gesprochen, dass ein Kind geboren werden soll. Gott kommt als Kind zur Welt.

24. OKTOBER

Jeder Mensch ist liebenswert. In dem verwirrten alten Mann wie in der erfolgreichen Geschäftsfrau, in dem ans Bett gefesselten Kranken wie in dem glänzenden Sportler kann ich einen Schimmer der Liebe Gottes zum Leben, der Ähnlichkeit, der Ebenbildlichkeit der Menschen mit Gott erkennen.

25. OKTOBER

Kann die Spirale der Gewalt wohl aufgehalten werden, wenn wir deutlich machen: Jede Form von Fundamentalismus und Fanatismus ist ein Missbrauch von Religion? Es hat nichts, aber auch gar nichts mit Religion zu tun, wenn Christen in Nordirland kleine Schulkinder zu Tode erschrecken. Es hat nichts mit Religion zu tun, wenn selbst ernannte Gotteskrieger zivile Flugzeuge in Hochhäuser jagen. Es hat nichts mit Religion zu tun, wenn Frauen brutal unterdrückt werden.

26. OKTOBER

Selig, die reinen Herzens sind. Ich mag diesen Begriff: Reinen Herzens – das heißt ungetrübt von Verschlagenheit und Berechnung, aufrichtig, offen und frei. Um liebenswerte Menschen geht es, die nicht berechnend sind, voller Vertrauen zu Gott und den Menschen.

27. OKTOBER

Wer evangelisch ist, liebt die Individualität. Das ist gut so! Individualität darf aber niemals Individualismus oder Vereinzelung bedeuten. Denn: Das Christentum war von Anfang an eine Gemeinschaftsreligion. Wenn Menschen aus der Kirche austreten mit dem berühmt-berüchtigten Satz: »Ich kann auch ganz allein im Wald ›Großer Gott, wir loben dich singen!‹, dann müssen wir sagen: »Ja, das kannst du! Ja, du kannst ganz allein zu Gott beten. Aber: von Anfang an ist Jesus mit Jüngerinnen und Jüngern durch Palästina gezogen. Gerade die Gemeinschaft beim Essen, gerade die Gemeinschaft untereinander war das Kennzeichen seines Lebens. Und nach Jesu Tod sind sie eben nicht auseinandergestoben, seine Gefährten und Jüngerinnen, sondern sie blieben zusammen, sie haben auch die Erfahrung der Auferstehung miteinander geteilt. Deshalb heißt jenes Lied: ›Großer Gott, wir loben dich‹.«

28. OKTOBER

Mir ist wichtig: Gottes Zuwendung ist eine von außen, »extra nos«, wie *Martin Luther* sagt. Gott ist kein Gefühl und kein produziertes Gedankengebilde. Gott kennt uns, weiß um uns, sieht auch die Seiten, die wir oft anderen und manchmal uns selbst gegenüber so geschickt verdecken. Und Gott sagt: Du bist gewollt. Bei dir habe ich mir etwas gedacht. Dein Leben macht Sinn. Und deshalb kannst du auch dein Scheitern ansehen und vielleicht sogar dein Leben ändern. Ich habe dir das Leben geschenkt, sagt Gott, lebe es in Verantwortung. Sieh hin, weil ich es doch längst sehe …

29. OKTOBER

Wenn jemand sagt, er sei Buddhist, fragen viele interessiert nach, was das bedeutet. Warum aber macht es so selten neugierig, wenn Menschen erklären, dass sie an Jesus Christus glauben? Weil alle meinen, sie wissen schon alles? Oder weil oft so wenig zu erkennen ist, dass christlicher Glaube für das Leben tatsächlich etwas bedeutet?

30. OKTOBER

Ich bin überzeugt, dass wir dringend den Dialog zwischen den Religionen verstärken müssen. Es ist wichtig, dass Religion nicht missbraucht wird zur Konfliktverstärkung wie in Nordirland oder auch in Afghanistan, sondern zum Faktor der Konfliktbewältigung wird. Das ist aber wohl nur möglich, wenn wir in einen ehrlichen Dialog kommen. Da muss ich als Christin auch sagen können, dass Christus für mich der Weg, die Wahrheit und das Leben ist und eben nicht Allah, wie Mohammed ihn verstanden hat. Da müssen offene Fragen gestellt werden dürfen, beispielsweise nach der Rolle der Frau und nach der Scharia. Es ist wichtig, für die Religionsfreiheit in unserem Land einzutreten. Aber es muss auch gefragt werden, wie es um die Religionsfreiheit steht in mehrheitlich islamischen Ländern wie Pakistan, dem Irak, dem Sudan und Indonesien.

31. OKTOBER

Reformationstag. »Ein Christenmensch ist ein freier Herr über alle Dinge und niemandem untertan«, schreibt *Martin Luther.* Diese Freiheit ist eine Freiheit von allen Mächten und Gewalten, die Besitz ergreifen wollen von einem Menschen. Es ist aber eine Freiheit, die sich bindet an die Autorität des Wortes Gottes, das wir in der Bibel kennenlernen. Es ist eine Freiheit zur Verantwortung. Es ist die Freiheit des Einzelnen, sich eine Meinung zu bilden, Verantwortung zu tragen vor Gott und den Menschen. Das ist keine Freiheit nach dem Motto: ich mache, was mir gerade passt und in den Sinn kommt, sondern eine Freiheit, die das Leben bewusst gestaltet vor Gott und den Menschen.

NOVEMBER

1. NOVEMBER

Der Herr ist mein Hirte, mir wird nichts mangeln! – Mich erstaunt immer wieder, wie dieser eine Psalm 23 Menschen in der ganzen Welt tröstet, ermutigt, stärkt. Wie viele können ihn mitsprechen als vielleicht einzigen Teil der Bibel, den sie auswendig kennen. Wohl denen, die so einen inneren Schatz geborgen haben für schwere Tage.

2. NOVEMBER

Und ob ich schon wanderte im finstern Tal, fürchte ich kein Unglück! – Der Psalmist verdrängt nicht, dass es dunkle Phasen gibt im Leben, Zeiten, in denen ich nicht weiterweiß. Ja, es gibt Unglück und Dunkelheit. Und doch dürfen wir uns gehalten wissen.

3. NOVEMBER

Zugang zum Glauben ist mit allen Sinnen möglich. Auch wenn es immer heißt, die evangelische Kirche sei die Kirche des Wortes, lernen wir heute neu: Das Wort ist ja »Fleisch geworden«. Es hat viele Gestalten – und Menschen wie *Leonardo da Vinci* oder *Johann Sebastian Bach* haben bewiesen, dass Glaube durch Bild und Ton ausgedrückt werden und eine große Wirkung entfalten kann. Vielfältige Formen von Spiritualität: Tanz, Stille, Meditation, neue und alte Musik können Raum finden. Wir können uns dem Glauben annähern mit Herzen, Mund und Händen.

4. NOVEMBER

Heute verstaubt die Bibel in so manchem Bücherregal. Menschen wissen einfach nicht, wie sie Zugang finden können. Ist die Bibel nun Gottes Wort oder ist sie Menschenwerk? Ja, die Bibel ist Gottes Wort, aber sie ist nicht Wort für Wort von Gott diktiert. Menschen haben hier ihre Erfahrungen mit Gott, ihre Glaubenserfahrungen niedergeschrieben. Ja, die ersten Dokumente des Neuen Testamentes entstanden viele Jahre nach dem Tod von Jesus, sie schauen zurück. Das muss doch aber nicht glaubensgefährdend sein! Wo Widersprüche und Fragen auftauchen, gibt es auch Erklärungen – und bei alldem finden wir in der Bibel das Zeugnis des lebendigen Gottes.

5. NOVEMBER

Im Herbst 2010 in Amerika verbrachte ich einen netten Abend mit interessanten Menschen an einem Tisch. Bald schon, wie oft in den USA, ging es darum, wer woher stammt. Schnell wurde deutlich: Hier sitzt eine solche Mischung unterschiedlicher Herkunft und Kultur zusammen, dass allein daraus einer dieser französischen Filme mit biografischen Rückblenden werden könnte. Ein Mann ist armenisch-italienischer Abstammung; die armenische Tragödie ist für ihn ein Lebensthema. Eine andere ist Jüdin mit wechselvollem Lebenslauf, ihre Eltern sind aus Deutschland geflohen und über Israel und Südamerika in die USA gekommen. Ein Mann denkt über seine afrikanischen Wurzeln nach und darüber, dass der Nachname »Smith« eigentlich der Name des Sklavenhalters seiner Vorfahren gewesen sein wird. Eine junge Frau hat einen Vater aus der Mongolei und eine chinesische Mutter. Und so weiter und so fort … ein anregender Abend, typisch Amerika. Jemand fragt: »And what is your life's story?« Und dann beginnt ein Erzählen, Diskutieren, Lachen, Staunen – Biografien sind Geschichten, die

Geschichte lebendig machen. Die eigene Geschichte zu kennen, zur eigenen Identität zu stehen ist wichtig – auch, um Feindschaft zu vermeiden, gerade wenn man nah zusammenlebt.

6. NOVEMBER

Gast sein ist eine Form, fremd sein aufzuheben, einander kennenzulernen im Alltag. Bei uns zu Hause gibt es mittags ein Tischgebet mit anschließendem Händereichen: »Guten Appetit!« Wenn die Freundin türkischer Herkunft kommt, muss das sein? Ja, sie ist Gast bei uns. Und sie erweist sich als durchaus interessiert, macht mit. Wenn unsere Tochter bei ihr zu Besuch war, erzählt sie fasziniert von dem Essen, das da eben so ganz anders ist als bei uns. Wenn heute lautstark gefordert wird, der Dialog müsse intensiviert werden, dann ist am Wichtigsten wohl diese Begegnung im Alltag. Miteinander einen Kaffee trinken, einander einladen, gastfrei sein – das überwindet Vorurteile und Angst.

7. NOVEMBER

Wer wirklich Ernst damit macht, »Gott über alle Dinge zu lieben und den Nächsten wie sich selbst«, wird sich der Vergötterung von Menschen oder Institutionen, von Konsum oder Markt vehement entgegenstellen. Wird von Gottes Gerechtigkeit sprechen und davon, dass die Gerechtigkeit in einem Land daran zu messen ist, wie es denen geht, die am wenigsten haben.

8. NOVEMBER

Mir steht ein Familienvater sehr nahe, der mit einer Krebserkrankung konfrontiert ist, für die es wenig Hoffnung gibt. In solchen Situationen muss sich der Mensch fragen: Wie habe ich gelebt? Wie will ich sterben? Was will ich noch besprechen und regeln? Und dann müssen da Menschen sein, die nicht ausweichen. Solche, die glauben: der Tod ist kein hoffnungsloser Fall. Viele haben die Vokabeln dafür verlernt und das Gespür, den Glauben und die Rituale. Es ist wichtig, dass es Menschen gibt, die eine Sprache kennen für diese Fragen. Für den Glauben …

9. NOVEMBER

Ein merkwürdiger Tag. Reichspogromnacht 1938 – grauenvoll, wie Menschen andere gedemütigt haben, die noch vor kurzem »gute Nachbarn« waren. 1989 – Nacht der Maueröffnung – hoffnungsvoll, dass es gewaltfreie Revolutionen gibt. Heute ist dieser Tag doch letzten Endes der eigentliche nationale Gedenktag für uns – in der guten wie in der schlechten Erinnerung. Beides aber ist lehrreich …

10. NOVEMBER

Die Bibel ist voll von Geschichten über Menschen, die plötzlich wahrnehmen, dass sie von Gott gehalten sind und so die Kraft zu diesem Leben neu finden. Auch Jesus war von diesem Vertrauen in Gott gehalten. Und Menschen am Rande wurden zu angesehenen Menschen, weil Jesus sie angesehen hat.

11. NOVEMBER

Wir feiern den Sonntag als Tag der Erinnerung an die Auferstehung Jesu – die Auferstehung als Befreiung von der Angst vor Leiden und Tod. Durch Jesus haben wir erfahren, wie Gott sich in Liebe allen Menschen zuwendet. In ihm können wir erkennen, dass Gott uns liebt, bevor wir irgendetwas geleistet haben. Gott sagt uns Leben zu, Leben, das weit über diese Zeit und Welt hinausgeht. Der Sonntag ist unsere Erinnerung daran.

12. NOVEMBER

Gott meint uns ganz persönlich und Gott weist uns auf die anderen. Du und ich, wir und sie, wir können etwas bewegen. Uns wird Leben zugesagt. Uns wird Freiheit zugesprochen. Gott tritt in Beziehung zu uns. Und Gott mutet uns Verantwortung zu. Das ist eine frohe Botschaft, die uns in die Pflicht nimmt. Können wir davon etwas weitersagen? Oder bleiben wir sprachlos, stumm?

13. NOVEMBER

Der Glaube, mein Leben gehalten zu wissen, und die Hoffnung, über den Tod hinaus gehalten zu sein, führt zur Freiheit der Kinder Gottes. Das ist nicht die Freiheit der Scheckkarte aus der Bankwerbung: »Die Freiheit nehm ich mir.« Es ist auch nicht die Freiheit, jederzeit tun und lassen zu können, was ich will. Christliche Freiheit ist eine Freiheit, die sich gebunden weiß an Gottes Wort – nicht eine Freiheit von etwas, sondern Freiheit zum völligen Vertrauen. Wenn ich weiß und glauben darf, dass mein Leben von Gott her seinen Sinn bekommt, dann werde ich frei von Bindungen dieser Welt, von Urteilen dieser Welt und auch frei von der Angst vor dem Tod, die so vieles bestimmt. Das ist die wunderbare Freiheit der Kinder Gottes, dass sie nicht aus panischer Angst vor dem Sterben dem Leben davonlaufen müssen.

14. NOVEMBER

Mehr als fünfzig bewaffnete Konflikte toben in der Welt, vergessene Kriege, fernab vom Auge der Weltöffentlichkeit. Was bringt Nationen dazu, immer wieder Waffen zu produzieren, neue Waffen zu erfinden? Warum sind Waffenexporte kein größeres Thema in den Medien? Muss Gewalt wirklich immer wieder das letzte Mittel sein? Oder sind diese Fragen jetzt überflüssig geworden, weil Waffen ja immer wieder »siegen«? Solche Siege haben einen schalen Geschmack und schaffen noch lange keinen Frieden.

15. NOVEMBER

Wir machen die Erfahrung, dass die Welt oft wirklich und wahrhaftig böse ist. Da gibt es Hunger und Ungerechtigkeit, Diktatoren und Kriegsdrohungen. Und wir rufen: *Kyrie eleison! Herr, erbarme dich.* Ja, manchmal gibt es keine glatten Antworten und uns bleibt nichts als zu sagen: Herr, erbarme dich!

16. NOVEMBER

Der Ramadan gilt frommen Muslimen als Zeit der Reinigung, des Fastens. Dass das auch von unseren Politikern wahrgenommen wird, dass es Grüße zum Ramadan gibt, finde ich notwendig und gut. Wir können dafür eintreten, dass die religiösen Traditionen geachtet werden. Und wie sieht es mit den christlichen Traditionen aus? Die werden oft einfach über den Haufen geworfen oder gnadenlos vermarktet. Respekt vor den religiösen Gefühlen oder den religiösen Traditionen des Christentums gibt es offensichtlich nicht. Ja, auch der Advent war einmal eine Fastenzeit, eine Zeit der Vorbereitung auf die Ankunft Gottes in unserer Welt. Vor dieser Fastenzeit liegt am Ende des Kirchenjahres die Auseinandersetzung mit Leiden, Sterben und Tod. Das hält heute offenbar keiner mehr aus. Fragen nach dem Lebensende wollen wir am liebsten überspringen in der Spaßgesellschaft, da geht es von der Sommer-Grillparty direkt zum Glühwein samt Adventshappening.

17. NOVEMBER

»Wenn der Herr die Gefangenen Zions erlösen wird, werden wir sein wie die Träumenden. Dann wird unser Mund voll Lachens und unsere Zunge voll Rühmens sein.« – Sehnsucht nach Zukunft, nach Befreiung aus dem, was uns bedrückt. Sehnsucht nach einem Lachen in der Kehle, nach Lebenslust – ausgedrückt in einem Psalm (126), der Jahrtausende alt ist und nie seine Gültigkeit verlor.

18. NOVEMBER

Migration ist ein urbiblisches Motiv! Die ersten, die sich aufmachen, sind in der biblischen Geschichte Adam und Eva: Sie müssen das Paradies verlassen, eine neue Heimat zu finden. Und dieses Motiv bleibt konstant: Abraham und Sarah brechen auf in ein unbekanntes Land – aus freien Stücken. Josef findet sich gezwungenermaßen in der Fremde wieder und muss sich integrieren. Mose führt in der biblischen Erzählung das ganze Volk Israel aus Ägyptenland in die Wüste und schließlich bis zur Grenze des gelobten und verheißenen Landes. Dort werden die Israeliten kämpfen müssen, um ihre Kultur zu behaupten gegen die vorhandene Kultur des Landes Kanaan. Und immer wieder gibt es Auseinandersetzungen, ob denn das Volk abtrünnig sei, wenn es Kult und Religion der Völker vor Ort annehme, sich zu sehr assimiliere, statt die Differenz zu leben.

19. NOVEMBER

Das ist doch ermutigend: Gott traut uns Veränderung zu! Wir sind nicht auf ewig verstrickt in ein vorherbestimmtes Schicksal. Nein. Und nicht nur wir haben eine Chance zur Veränderung, auch Gott selbst ist offenbar nicht unerschütterlich in den eigenen Absichten. Weil Gott ein lebendiger Gott ist und keine leblose unveränderbare Statue. Gott hat den Menschen geschaffen, weil Gott in lebendiger Beziehung zu den Menschen existieren will. Das ist eine große Lebenschance. Veränderung ist möglich, Gott gibt uns je neu eine Chance!

20. NOVEMBER

»Buße« – ein alter Begriff. Was heißt das überhaupt? Das griechische Wort meint Umkehr, Veränderung. Es geht um die Fähigkeit, sich zu ändern, neu anzufangen. Deshalb kann Buße geradezu eine Befreiung sein! Gott traut uns Umkehr zu, schenkt uns die Kraft zur Veränderung in unserem Leben. Gott wünscht sich fröhliche Christenmenschen. »Wenn die Christen erlöster aussehen würden«, sagte *Friedrich Nietzsche*, dann würde er ihre Religion auch anziehender finden. Doch dieses fröhliche und zuversichtliche Christentum ist nicht zu trennen von dem Ernst, Rechenschaft über unser Reden und Tun ablegen zu müssen. Da müssen wir schon mal nachdenken, erinnern, überlegen, wo denn Veränderung notwendig wäre.

21. NOVEMBER

Wozu Buß- und Bettag? In der ersten seiner 95 Thesen, die er an die Wittenberger Schlosskirche schlug, sagt *Martin Luther:* »Da unser Herr und Meister Jesus Christus sagte: tut Buße, wollte er, dass das ganze Leben der

Gläubigen Buße sein sollte.« Buße ist keine Leistung des Menschen, mit der er sich selbst rehabilitieren kann. Es geht dabei nicht um Selbstquälerei, sondern um ein erschrockenes Gewissen, das erkennt: Es muss sich etwas ändern! Auch wenn der Buß- und Bettag heute ein rein kirchlicher Feiertag ist, hat er doch einen öffentlichen Anspruch. Die Kirche hat der Welt zu sagen, dass das Leben von Staat und Volk in der Verantwortung vor Gott steht. Der Bußtag erinnert daran.

22. NOVEMBER

Diese Tage vor Beginn des neuen Kirchenjahres können uns Anlass sein, auch hinter die eigenen Fassaden zu schauen. Dass da viel Gutes ist, sollten wir zugestehen, das ist keine Frage: Aber die Probleme dürfen wir nicht ignorieren. Wir können uns trauen, genau hinzuschauen. In unserer Familie, in unserem Wohnheim, in unserem Betrieb, in der Schule. Da sind wir gehalten, hinter die Fassaden zu blicken, nachzufragen, uns einzumischen. Nicht Wegseher sollen wir sein, sondern Hingucker, nicht Zuschauer, sondern Einmischer.

23. NOVEMBER

Es gibt das eigene Recht der Tage von Trauer und Klage. Wir können unsere Trauer und Klage vor Gott bringen. Unser Weinen um die Toten, unsere Sehnsucht nach Leben. Ich halte es geradezu für absurd, wie unsere Gesellschaft der Konfrontation mit dem Tod davonzulaufen versucht. Dabei ist kaum etwas so sicher wie die Tatsache, dass das nicht gelingen wird.

24. NOVEMBER

Die dunkle Jahreszeit, die Dunkelheit des Novembers ist die Zeit, um die Fragen nach Leid und Tod zu thematisieren. Im Kirchenjahr gibt es Volkstrauertag, Bußtag, Ewigkeitssonntag – und damit eine Möglichkeit, auch über das Dunkel im Leben von Menschen zu reden. Im Dezember dann zünden wir eine Kerze nach der anderen an, um deutlich zu machen, wie wir auf das Licht der Welt warten. Und am Heiligen Abend, in der kürzesten Lichtzeit des Jahres, wenn die Nacht am längsten ist, da entzünden wir viele Lichter, um deutlich zu machen: Gott hat Licht in die Welt gebracht.

25. NOVEMBER

Der Toten- oder Ewigkeitssonntag ist nicht gerade beliebt – und oft wird er gar nicht ausgehalten. Menschen laufen ihm sozusagen davon. Aber es ist gut, an die Verstorbenen zu denken. Die Namen der Toten des vergangenen Jahres werden an diesem Sonntag in den Gemeinden im Gottesdienst verlesen. Im Glauben können wir dem Tod ins Auge schauen. Wir müssen uns nicht vorschnell beschwichtigen lassen nach dem Motto: alles wird schon irgendwie gut! Das ist die Kurzatmigkeit des Optimismus. Als Christinnen und Christen haben wir mehr als Optimismus: Hoffnung über den Tod hinaus. So können wir uns dem Tod stellen, müssen nicht ausweichen, und der Totensonntag wird eben tatsächlich Ewigkeitssonntag, weil wir darauf hoffen und daran glauben, dass Gott selbst den Tod überwunden hat. Mir ist das fundamental wichtig, dass Gott etwas weiß von Sterben und Leiden, seit er dort am Kreuz gestorben ist.

26. NOVEMBER

Jeden Tag können wir Tote oder Sterbende in den Medien sehen. Es gibt scheinbar kaum noch moralische Grenzen. *Gunter von Hagen* mit seiner Ausstellung »Körperwelten« ist nur ein – allerdings extremes – Beispiel für die ethische Grenzüberschreitung, die Tote gnadenlos vermarktet. Ich halte das auch für ein Zeichen kultureller Ignoranz. Hochkulturen habe immer die Würde der Toten gekannt. Wenn in unseren Medien über ein Attentat auf die Moskauer U-Bahn berichtet wird, so ist das anscheinend kaum möglich, ohne blutdurchtränkte Kleidungstücke, zerfetzte Gliedmaßen oder blutverschmierte Zeugen des Geschehens zu zeigen. Der Tod ist in der Mediengesellschaft virtuell allgegenwärtig. Im wirklichen Leben aber sind Menschen überhaupt nicht mehr gewöhnt, mit dem Tod umzugehen.

27. NOVEMBER

Dem Tod können wir oft keinen Sinn abgewinnen. Und ich halte auch nichts davon, eine Identifikation mit dem Leiden Christi zu suchen oder irgendeinen höheren Sinn. Es geht nicht darum, Sinn in den Tod hineinzuinterpretieren, sondern darum, die Macht des Todes einerseits anzuerkennen und andererseits zu durchbrechen. Weil wir wissen, dass wir sterben werden, können wir das Leben neu entdecken, das Leben lieben lernen. Und schließlich: Über den Tod hinaus hält uns Gott an der Hand. Auch da wo wir mit Gott ringen, wo wir fragen: Warum? Wie kann Gott das zulassen?, bleiben wir in Beziehung zu Gott. Gott schafft Leben über den Tod hinaus. Das macht uns Mut zum Leben hier und jetzt, und das gibt uns Kraft, dem Tod ins Gesicht zu sehen. Und ist wohl die Voraussetzung dafür, Sterbende würdig zu begleiten.

28. NOVEMBER

Eines Tages werden wir Gott gegenüberstehen von Angesicht zu Angesicht. Das ist die große Zukunftsvision der Bibel. Vieles verstehen wir nicht, vieles ist widersprüchlich. Gott, wo bist du, fragen wir. Doch da ist die Hoffnung: eines Tages, in Gottes Zukunft, wird Gott mitten unter uns sein. Gott wird unter uns wohnen, die Menschen werden ein Volk sein, all die Kriege und Auseinandersetzungen, die Tränen, ja der Tod werden nicht mehr sein. In der Zeit, in der wir der Toten gedenken, erinnern wir uns auch an diese große Hoffnung.

29. NOVEMBER

Engel können trösten. Am liebsten ist mir da *Hans Christian Andersen:* »Jedes Mal, wenn ein Kind stirbt, kommt ein Engel Gottes zur Erde hernieder, nimmt das tote Kind auf seine Arme, breitet die großen breiten Flügel aus und fliegt über die Stätten, die das Kind lieb gehabt hat …« Das ist ein wunderbares Bild dafür, wie Gott uns hält und trägt über den Tod hinaus.

30. NOVEMBER

Jostein Gaarder, der bekannte Autor von »Sofies Welt«, erzählt in seinem Buch »Durch einen Spiegel, in einem dunklen Wort« von Cecilie, einem Mädchen, das sterbenskrank ist und sein letztes Weihnachtsfest erlebt. In ihrem kleinen Notizbuch notiert sie ihre Gedanken. Sie liegt in ihrem Zimmer, Weihnachtsgeräusche dringen zu ihr nach oben, ihr kleiner Bruder Lasse erzählt vieles. Auf ihrer Reise auf den Tod hin lernt sie den Engel Ariel kennen. Sie spürt das Sterben nicht, sie fliegt mit Ariel davon und schaut dabei von der anderen Seite des Spiegels auf ihr Zimmer, auf sich selbst. Das ist für mich eine wunderbare Übersetzung der Frage nach Gott und dem Sinn und dem Tod. Cecilie ist auf der anderen Seite des Spiegels. Auf unserer Seite des Spiegels können wir uns die Trauer der Eltern, die Tränen der Großeltern, den Kummer des Bruders vorstellen. Mit dem Tod hat sich für das Mädchen die Perspektive verändert. Sie sieht nun nicht mehr nur die eine Seite, sie sieht das Ganze – sie erkennt, wie sie schon immer erkannt war …

DEZEMBER

1. DEZEMBER

Den Winter mag ich eigentlich nicht, aber ich mag den Dezember mit seinen besonderen christlichen Ritualen. So besorge ich gern Weihnachtsgeschenke, weil ich Menschen, die ich liebe, gern beschenke – es ist für mich ein Zeichen für das große Geschenk des Lebens, das uns Gott gemacht hat. Das Jahr über sammle ich Kleinigkeiten und fülle für jedes Kind (auch die erwachsenen) einen Adventskalender als Zeichen für das Warten. Ich backe gern Weihnachtsplätzchen, es ist ein ganz besonderer Geruch. Das feierliche Entzünden einer Kerze nach der anderen am Kranz, das Lesen der alten Geschichten, das gehört in diese besondere Zeit. Schließlich macht es mir Freude, mit meinen Kindern den Weihnachtsbaum zu schmücken – am 24. Dezember. Nein, ein Advents- und Weihnachtsmuffel bin ich nicht. Nur lasse ich mir Advent und Weihnachten nicht wegnehmen durch Zeitstress, Konsumterror, Kitsch und Kaufdruck. Es wäre schade drum …

2. DEZEMBER

Engel – vielleicht ist Advent die beste Zeit, sich diesem Geheimnis neu anzunähern. Da sind die Momente im Leben, die nicht erklärbar sind. Das plötzliche Wissen: Das ist der richtige Mann, die richtige Frau. Ein überschäumendes Glücksgefühl im Anblick von Himmel oder Erde. Eine Erfahrung von Bewahrtworden-Sein. Vor einem Unfall, vor einer Dummheit. Da festigt sich die Ahnung zu einer Entscheidung: Das ist der richtige Weg. Oder da ist die Begegnung mit einem Menschen, der den entscheidenden Hinweis gibt, ein Lächeln auf unsere Lippen bringt, uns für Stunden oder Tage froh sein lässt. Ich denke schon, wir können sagen, dass uns in solchen Situationen ein Engel Gottes berührt. Wir erahnen neu etwas von der Realität Gottes mitten in unserer Welt.

3. DEZEMBER

Und dann gibt es die Botschaft der Engel vor Weihnachten, zu Weihnachten, die an so vielen Orten und über so viele Generationen hinweg weitergegeben wird und die wir am Heiligen Abend wieder hören werden: »Euch ist heute der Heiland geboren!« und: »Ehre sei Gott in der Höhe und Frieden auf Erden bei den Menschen seines Wohlgefallens.« Manchmal sind uns diese Worte schon so vertraut, dass wir sie gar nicht mehr richtig aufnehmen. Wir hören sie und verstehen sie doch nicht in der Tiefe. Doch sie treffen die Lebenssituation und die Herzen von Menschen seit 2000 Jahren. Hören wir sie in diesem Jahr noch einmal neu für uns.

4. DEZEMBER

Wer den Blick nur im Himmel lässt, der bekommt ein steifes Genick. Unser Glaube ist nicht weltabgewandt, gar weltfremd. Nein, Gott hat uns einen Ort gegeben in der Welt, an dem wir, jeder und jede von uns, unseren Glauben bewähren. *Martin Luther* sprach davon, dass in diesem Sinne jeder Mensch einen Beruf, eine Berufung hat. Das ist kein Job, sondern eine Aufgabe, die wir in unserem Leben wahrnehmen, in der Familie, in der Gemeinde, am Arbeitsplatz, in der Schule. Unser Ort, ob im Kleinen oder im Großen, an dem wir Verantwortung wahrnehmen, ein Stück Himmel sichtbar werden lassen.

5. DEZEMBER

Sie erwarten Besuch. Was tun Sie? Haus oder Wohnung putzen, überlegen, welche Musik spielt, wie der Ablauf des Festes sein soll. Besuch kommt, erwarteter Besuch – hoffentlich! Und wenn der Besuch dann da ist, freuen Sie sich, hoffentlich! Im Lobgesang des Zacharias heißt es: »Durch die herzliche Barmherzigkeit unseres Gottes wird uns besuchen das aufgehende Licht aus der Höhe.« Gottes Barmherzigkeit ist es, die diesen Besuch ermöglicht, auf den wir uns jetzt in der Adventszeit wieder wie seit 2000 Jahren neu vorbereiten. Barmherzigkeit heißt: sich jemandes annehmen ohne Vorbedingung und Vorleistung. Genau das ist Gottes Barmherzigkeit, die mit Jesu Ankunft möglich wird.

6. DEZEMBER

Nikolaus – ein Tag für Kinder, ja. Aber auch die Erinnerung an einen mutigen erwachsenen Mann in Smyrna, der sich einst für andere einsetze, besonders für die Kinder. Das ist heute mindestens so nötig wie damals.

7. DEZEMBER

Menschen haben stets geträumt, haben aus ihren Träumen die Kraft und den Mut zu Veränderungen geschöpft. Sie haben sich von ihren Träumen leiten lassen, Wegweisung Gottes in ihnen erkannt. Der größte Träumer der Bibel ist Josef. Dass er seinen Träumen nachging, hat ein ganzes Volk vor der Hungerkatastrophe bewahrt. Und da ist auch Jakob mit seinem Traum von der Himmelsleiter, in dem er Zuversicht gewinnt für den weiteren Weg. Oder denken wir an die drei Weisen, denen Gott im Traum zeigt, dass sie Herodes nichts von dem neugeborenen Kind sagen auf dem Rückweg von Bethlehem. In der biblischen Tradition sind Träume also Wegweisungen. Nun hat uns spätestens seit *Sigmund Freud* die Psychologie einen naiven Zugang zu unseren Träumen der Nacht verbaut. Dennoch stehen Träume noch heute für Zukunftsentwürfe, auch wenn unsere so aufgeklärte Zeit ihnen skeptisch gegenübersteht. Es ist gut, auf sie zu achten.

8. DEZEMBER

Eine Sehnsucht der Menschen bleibt die Sehnsucht nach Frieden. Ob es vor allem die Sehnsucht der Frauen ist? Die Sehnsucht all der Marias, die ein Kind zur Welt bringen und wissen, wie zerbrechlich, wie verletzlich dieses Leben ist? Eine Karikatur in der Zeitung hat es so dargestellt: Eine resolute Krankenschwester sagt all den Soldaten und Kämpfern in ihren martialischen Anzügen mit ihren Waffen, von denen sie sich offenbar selbst in den Krankenhausbetten nicht trennen können: »Jetzt ist mal Ruhe hier. Und ich will auch keinen Schuss mehr hören!« – Ja, das wünschen wir uns, eine wahrhafte Autorität, die sagt: Ruhe jetzt, und keinen Schuss mehr!

9. DEZEMBER

Wir warten auf das Kommen Gottes, das zweite Licht haben wir angezündet. Gemütlichkeit ist angesagt. Innehalten. Advent, das ist ja eine Zeit der Vorbereitung, in der es um die Frage nach Gott, um unseren Glauben geht, um den Sinn unseres Lebens. Wer fragt: Woher komme ich? Wohin gehe ich?, der fragt nach Religion.

10. DEZEMBER

Am Internationalen Tag der Menschenrechte ist auch an die »Frauen in Schwarz« zu erinnern. Erlebt habe ich sie zum ersten Mal bei einem Besuch in den Lagern der vergewaltigten Frauen in Kroatien 1992, die diese Idee von serbischen (!) Frauen aufnahmen. Sie tragen Schwarz in einem stummen Protest gegen die Gewalt gegen Frauen. Mit der Initiative, donnerstags Schwarz zu tragen, ist vielerorts ein kleines, aber ein bedeutungsvolles und über kulturelle Grenzen hinweg wirksames Zeichen entstanden. Wieder entdeckt habe ich es auch in Indien, wo Frauen es wagen, gegen die Gewalt gegen Frauen jeden

Donnerstag eine Stunde lang mitten auf einer Straßenkreuzung von Bangalore zu stehen – zum Teil unter Beschimpfungen und Drohungen der Vorbeifahrenden.

11. DEZEMBER

Jochen Klepper muss erkennen, dass er seine Familie, seine Frau und die Tochter nicht vor den Nazi-Schergen bewahren kann. Am 10. Dezember 1942 gehen die drei gemeinsam aus dem Leben. Die letzten Sätze im Tagebuch lauten: »Wir sterben nun – ach, auch das steht bei Gott. Wir gehen heute Nacht gemeinsam in den Tod. Über uns steht in diesen letzten Stunden das Bild des segnenden Christus, der um uns ringt. In dessen Anblick endet unser Leben.« Den Advent hat er besonders geliebt.

12. DEZEMBER

Gott will im Dunkel wohnen – das ist tatsächlich der Gedanke von Advent und Weihnachten. Gott weiß um das Dunkel. Wir können uns oft nicht erklären, wie denn Leiden, Tod, Trauer in der Welt entstehen. Gott hat doch die Welt geschaffen und gesagt: Siehe, es war sehr gut! Und dennoch gibt es in der Welt den Schmerz. Den Kummer, wenn eine große Liebe zerbricht. Die Trauer, wenn ein geliebter Mensch stirbt. Die Tränen, wenn ich sehe, wie eine andere leidet. Die Sorge um Menschen in meiner Nähe, die Kinder, die Verwandten, die Freundinnen und Freunde. Das Ringen um den Frieden. Das Entsetzen über den Krieg und den Terror. In dieser Welt gibt es viel Dunkel, aber ich bin überzeugt, Gott hat dieses Dunkle nicht gewollt. Es ist aber wohl Teil der Welt, weil es das Gute nur geben kann, wenn auch das Böse existiert. Wir sehen den Schein des Lichtes Gottes in dieser Welt – in der Sorge füreinander.

13. DEZEMBER

»Gottes Gnade ist erschienen«: Darauf warten wir im Advent. Das hört sich altertümlich an. Aber aus den Schlagzeilen kennen wir den Begriff Gnade doch heute durchaus noch. »Richter Gnadenlos« wurde beispielsweise der ehemalige Hamburger Richter Ronald Schill in seinen populären Zeiten genannt. Das sollte heißen: Der lässt sich nicht erweichen, der geht knallhart vor. Recht vor Gnade, und im Zweifel: Höchststrafe! Gnade aber meint eine Zuwendung, eine Liebe, die nicht rechnet, die den Menschen ansieht und versteht, was er braucht, die nicht pocht auf das, was jemandem zusteht oder über Zuständigkeiten nachdenkt, sondern in Freiheit gibt, trägt, hält. Mit Herablassung oder Berechnung hat Gnade nichts gemein.

14. DEZEMBER

»Gottes Gnade«: Wie ist das zu verstehen? Gnade ist die Zuwendung Gottes zum Menschen. »Da war Gnade«, sagt eine Frau, deren Mutter vom schweren Krebsleiden sanft erlöst wurde. Gnade lässt uns nicht gleichgültig – Gnade berührt uns. Sie will uns bewegen, verändern. Das Ziel der Gnade Gottes sind wir. Du und ich sind gemeint, für uns ist Gottes Gnade erschienen. Einerseits will Gott uns beistehen, da sein, trösten und halten in den schweren Zeiten. Andererseits fordert uns Gott auch. Es ist zu billig, nur vom lieben Gott zu reden, ihn sozusagen zu einem lustigen Weihnachtsmann zu machen, zum Leitmotiv eines Winterwohlfühlfestes. Nein, Gott will tatsächlich etwas von uns und unserem Leben – und das geht über die Bilanzen des Einzelhandels hinaus.

15. DEZEMBER

Die Ankündigung der Geburt des Gotteskindes ist wie ein Stern am Himmel, ein Licht über dieser Welt, das sagt: »Gebt nicht auf, lasst euch nicht entmutigen! Behaltet die Vision im Auge, dass etwas verändert werden kann!« Sicher, alle Tränen werden erst einst bei Gott abgewischt sein. Aber dass es keinen vollkommenen Frieden auf Erden gibt, darf uns nicht davon abhalten, dass wir sehr wohl für Frieden und Gerechtigkeit eintreten müssen. Das Elend auf der Welt, Hunger und Armut dürfen nicht einfach von der Tagesordnung der reichen Länder gefegt werden, nur weil sie unbequem sind. Wir haben eine Verantwortung vor Gott und vor den kommenden Generationen. Wir werden nicht mal eben die Weltprobleme lösen können. Aber wir dürfen auch die Augen nicht vor ihnen verschließen. Wegschauen ist keine Lösung. Wenn alle sagen, wir können nichts ändern, dann ändert sich nichts. Wir sind gefragt, uns will Gott in Bewegung setzen.

16. DEZEMBER

Wer ist dieser Jesus, dieses Kind? Diese Frage treibt Menschen seit 2000 Jahren um. Schon die drei Weisen, die einen König suchten und ein Kind fanden. Auch Maria, der Großes prophezeit wurde. Josef, der mit Frau und Kind auf der Flucht war. Die Hirten, die Heil erwarteten und dieses Elend sehen mussten. Wer ist Jesus? Zum einen ist er natürlich ganz profan der Sohn der Maria, der Sohn des Josef, aus Nazareth stammend. Das haben ihm Menschen auch immer wieder vorgeworfen. Und doch haben viele gespürt: Hinter diesen profanen biografischen Daten ist ein ganz anderer, einer, der etwas weiß von der Liebe Gottes, der spürbar, erfahrbar, sichtbar macht, wie Gott sich Menschen zuwendet. Jesus sagt: »Ich kenne ihn, der mich gesandt hat.« Über dieses Kind Jesus lernen wir Gott kennen. Jesus bringt uns bei, ihn Vater zu nennen. Gott als Mutter zu erfahren, nah, freundlich, zugewandt.

17. DEZEMBER

Oft nehmen wir das Leben gerade in der Adventszeit als unruhig wahr, als unübersichtlich, gedrängt, unverständlich. Mitten in diesem Getümmel und der Unruhe tut es gut, den Blick auf Jesus Christus als den wahren Menschen zu lenken. Er ist der Maßstab für unser Leben. Wie er war? Mir scheint immer wieder, er war von einer großen inneren Ruhe geprägt. Er hat sich Zeiten des Rückzugs zugestanden, in denen er die innere Balance neu gefunden hat. Und: Jesus hat sich anderen zugewendet. Vorbehaltlos. Bedingungslos. Dem Zöllner und der Frau am Brunnen. Dem Verräter und dem Verbrecher neben ihm am Kreuz. Christus ermutigt auch heute zur Liebe, zum Blick auf die Not der anderen. Und er sendet Menschen bis heute mitten in die Welt. Hin zu dem Obdachlosen und der allein erziehenden Mutter.

18. DEZEMBER

Eine U-Bahnstation. Ein Mann liegt auf dem Boden und schläft. Er ist betrunken oder zugedröhnt. Menschen hasten vorbei. Keiner riskiert einen Blick. Müssten wir nicht helfen? Wie geht doch die Geschichte vom barmherzigen Samariter? Oder haben wir alle Hilfe anonymisiert: Rotes Kreuz oder Diakonie, die sind zuständig? – Nein, ich und du, wir sind zuständig, ganz persönlich.

19. DEZEMBER

Selig die Barmherzigen. Die noch etwas anrührt, die nicht teilnahmslos durchs Leben gehen, diejenigen, die Leid noch wahrnehmen und sich des Leides annehmen. Mitleid ist ein scheußliches Wort dafür im Deutschen. Der katholische Theologe *Johann Baptist Metz* spricht daher in spanischer Aussprache von »compassion«. Ja, das drückt wohl besser aus, was Barmherzigkeit meint, nicht seicht, sondern leidenschaftlich klingt es.

20. DEZEMBER

Wir warten jedes Jahr neu auf Weihnachten, weil wir es zumindest in diesen Tagen – einmal im Jahr – wagen, uns die Frage nach dem Sinn unseres Lebens zu stellen. Wir spüren ja, dass wir allzu oft davonlaufen vor dieser Frage. Wir schaffen und machen und klagen und rennen, aber wir nehmen uns nicht die Zeit zu fragen: Was will ich eigentlich mit diesem Leben? Liebt mich überhaupt jemand? Werde ich tatsächlich gebraucht? Und gebe ich den Menschen, die mich brauchen, die Liebe, die sie suchen? Es gibt so viel Einsamkeit in unserer betriebsamen und beschleunigten Zeit. Und es gibt so viele, die das Glück gar nicht mehr spüren, das Glück der einfachen Dinge. Ein Dach über dem Kopf. Ein warmes Bett an kalten Tagen. Tage ohne Hunger. Menschen, die mit uns leben wollen. Eine kleine Geste – da sorgt einer für mich. Da hat sich eine Gedanken gemacht um mich. Und das große Glück: Die Freiheit, als Frau ohne Erniedrigung leben, eine Zeit ohne Krieg in unserem Land – das alles sind keine Selbstverständlichkeiten.

21. DEZEMBER

Wie sollen wir das eigentlich aushalten, all diese Horrordaten, die Fakten der Welt? Ist es da nicht besser, sich ganz auf den eigenen kleinen Umkreis zu besinnen und es sich einfach gemütlich zu machen an Weihnachten und in den etwas langsameren Tagen danach? Ist es nicht absurd zu glauben, dass Gott nun gerade als Kind in die Welt kommt? Da feiern wir doch lieber ein besinnliches Familienfest mit Gans und Glühwein – und ohne solch widerspenstige Inhalte. Und überhaupt: Wenn Gott diese Welt angeblich so sehr liebt, wo war eigentlich Gott in diesem Jahr, das so viele Fragen aufgeworfen hat? Ist es da nicht besser, sich diese schwierigen Fragen gar nicht erst zu stellen und lieber den Fernseher anzuschalten, der lenkt uns schon ab? Was ist die Botschaft von Weihnachten in einer solchen Situation?

Schwestern und Brüder könnten wir einander sein. Menschen, die eintreten für eine Welt ohne Krieg, in der junge Menschen aufwachsen können ohne Angst. In der Kinder spielen können ohne Furcht vor Schüssen. In der eine Generation heranwächst, die weiß, dass Konflikte gewaltfrei gelöst werden können. Nein, das ist nicht naiv. Es wird Kraft und Geld und Einsatz kosten, aber wohl weniger als die Militäreinsätze dieser Welt. Weihnachten sagt uns: Wenn wir das tun, handeln wir im Namen Gottes. Denn Gott will dieser Welt Frieden zusagen. Einen Frieden, den wir eines Tages in Vollkommenheit kennenlernen werden, wenn Gott unter uns wohnen wird. Einen Frieden, für den Gott selbst Zeichen setzt, indem er sich verwundbar macht als neugeborenes Kind, als sterbender Mann am Kreuz.

23. DEZEMBER

Die Geburt Jesu schlägt einen Bogen von Gott zu Mensch. Selbst in unserer so hoch technisierten Welt spüren wir ja, dass wir nicht alles beherrschen, nicht alles erklären, nicht alles im Griff haben. Und die große Sehnsucht, die uns erfüllt, ist eine Sehnsucht nach Sinn, nach dem Wissen von Woher und Wohin. Weihnachten macht Hoffnung, dass wir wissen, was unser Leben bedeutet. Weihnachten macht Mut, uns offen und schonungslos anzuschauen. Wer bin ich? Woher komme ich? Was sind meine Wurzeln? Wo liegen meine Stärken, wo habe ich festen Boden unter den Füßen? In diesen Tagen kann ich das Wagnis eingehen, mich zu fragen, wo ich stehe. Ist mein Leben eines, das im Einklang steht mit dem, was ich denke, was ich fühle? Wohin will ich gehen in der Zeit, die mir bleibt?

24. DEZEMBER

Nun ist er da, der Heilige Abend. Ruhe kehrt ein in die tosenden Innenstädte. Eine besondere Stimmung legt sich über das Land. Lassen Sie los, was Sie umgetrieben hat in den vergangenen Tagen und Stunden. Die Geschenke sind besorgt, die Lebensmittel eingekauft, der Weihnachtsbaum ist geschmückt. Kommen Sie an, hier, heute, in der Gemeinschaft, die um den ganzen Globus herum Weihnachten feiert. Es ist nun an der Zeit, endlich an das zu denken, worum es Weihnachten wirklich geht: das Geschenk der Nähe Gottes. So wie Generationen vor uns birgt uns die Kirche am Heiligen Abend. Wir bleiben nicht allein zu Hause, sondern kommen zusammen und hören die alten Worte. Wir singen Lieder, die vor Jahrhunderten gedichtet wurden, wir lassen uns fallen in eine Gemeinschaft über die Zeiten hinweg. Traditionen und Rituale sind besonders wichtig in einer so kurzatmigen Zeit. Stellen wir uns vor, wie viele Heilige Abende, wie viele Hoffnungen und Sorgen, wie viele Liebesgeschichten und Gebete eine Kirche kennt! Und was der christliche Glaube schon alles erlebt hat an Höhen und Tiefen, an eigenen Irrwegen und an Verzerrung durch andere. Und doch hört jede Generation die Botschaft neu: Gott ist gekommen, Gott ist da, mitten in der Welt. Das feiern wir im Gottesdienst.

25. DEZEMBER

Weihnachtstag. Wir haben die Heilige Nacht gefeiert. Die Nacht aller Nächte, die Nacht, in der ein Stern aufgegangen ist vor gut 2000 Jahren. Die Nacht, in der ein Kind geboren wurde mitten im Elend in einem Stall während einer Volkszählung, ein Kind, das wenig später Flucht und Vertreibung kennenlernen sollte, eine Frau in Angst, ein Mann, der verzweifelt ist. Die Heilige Nacht ist die Nacht, in der wir unsere Sehnsüchte nach einem erfüllten Leben erkennen und widergespiegelt sehen in der Heiligen Familie. Vater, Mutter und Kind, geborgen, ineinander versunken, das ist das Bild, das wir vor Augen haben. Wir wissen, dass die meisten Beziehungen so nicht sind, nicht so heil, da gibt es Streit und Auseinandersetzung. Viele sind sehr allein an Weihnachten, verzweifelt. Der Krieg nimmt kein Ende, der Streit nicht, die Krankheit und die Vereinsamung. Und doch spüren viele Menschen noch: Das sind besondere Tage. Da können wir offenlegen, vor uns und vor Gott, was uns wirklich umtreibt, wie es ganz ehrlich aussieht in unserem Leben. Wir dürfen weinen und lachen, Gott geht mit uns auf unserem

Weg. Niemand ist allein, das ist die Botschaft dieser Heiligen Nacht. Und diese Botschaft gibt uns Kraft, aus dieser so besonderen Zeit wieder herauszugehen in das Leben, in den Alltag und dort Spuren von Gottes Botschaft zu geben.

26. DEZEMBER

Traditionen geben unserem Leben Rhythmus und Halt. So denken wir zurück an die Lichter, die wir über die Jahre und an verschiedenen Orten an Weihnachtsbäumen entzündet haben. Als Kinder, als junge Menschen, als Erwachsene, als Ältere. Wir erinnern uns an dunkle Zeiten, in denen wir Weihnachten gefeiert haben, und an fröhliche. An Menschen, mit denen wir gefeiert haben und die nicht mehr bei uns sind. Wir fühlen uns verbunden mit Millionen Menschen in aller Welt, die in diesen Tagen Weihnachten feiern.

27. DEZEMBER

Was uns bedrückt und was uns freut, was enttäuscht und wofür wir dankbar sind, wird hell bestrahlt von dem Licht der Weihnacht. Gott ist in die Welt gekommen. Gottes Lebenszusage reicht weit über das hinaus, was wir erkennen und sehen. Sie erhebt Anspruch auf eine Friedensherrschaft, die Recht und Gerechtigkeit bringt. Als Hoffnung über alle Zeiten hinweg. In Menschen, die an Gott glauben, bleibt die Hoffnung wach, dass alles sich ändern kann. Wir haben die Gewissheit, dass wir gehalten sind, weil im Dunkeln Licht scheint.

28. DEZEMBER

»… und Friede auf Erden« – Ja, Gott will Frieden. Gerade dieser friedlosen Welt will er Frieden zusagen. Der Welt des Terrors, die auf widerwärtige Weise Flugzeuge zu Bomben macht. Der Welt der Waffen, die immer wieder das letzte Wort haben will. Der Welt der Hoffnung, die in einer Spirale der Gewalt in Israel und Palästina unterzugehen droht. Der Welt der Sehnsucht nach einem besseren

Leben, die es in Argentinien oder Brasilien und so vielen anderen Ländern gibt, die aber oft von der Schuldenkrise zunichte gemacht wird. Ja, es wird immer wieder gesagt, die Friedfertigen, die Sanftmütigen, die sich sehnen nach Gerechtigkeit und Frieden, die geistlich Armen, sie sind naiv, verrückt, realpolitisch nicht brauchbar. Aber haben denn die Waffen die Vision einer friedlichen Welt gezeigt? In der Geschichte haben Waffen immer wieder neue Gewalt gesät. Und die Saat ist immer wieder aufgegangen.

29. DEZEMBER

Wir blicken am Ende eines Jahres zurück und fragen: Was ist gelungen, was war falsch? Gott weiß, wie die Menschen sind, er hat sie ja selbst geschaffen. Wir machen Fehler, wir scheitern an unseren eigenen Ansprüchen, und sehr oft leiden wir gerade auch daran. Und wir leiden an Krankheit, an Missgunst, am Streit. Doch das ist vor Gott nicht das Aus. Gott wendet sich uns zu, obwohl wir Menschen mit vielen Schwächen sind. Obwohl wir so wenig perfekt sind. Das ist mir wichtig an unserem Glauben.

30. DEZEMBER

Wir gehen hinaus in ein neues Jahr. Vieles ist ungewiss, Menschen sind von Ängsten geplagt. Manche betäuben ihre Ängste mit Feuerwerken und Special Events. Dagegen steht jene alte und zugleich aktuelle Botschaft, die Jahrhunderte und Jahrtausende überdauert: Unsere Zeit liegt in Gottes Händen. Das ist die Gewissheit des Glaubens. Gottes vorbehaltlose Zuwendung zum Menschen macht Hoffnung. Und vielleicht einfach neugierig auf das, was kommen mag. Dann können wir unbefangen darauf zugehen, ohne nur zu planen oder zu grübeln, das gibt eine gewisse Leichtigkeit des Seins.

31. DEZEMBER

Wir zünden im Advent Lichter an als Hoffnungszeichen. Wir feiern Weihnachten mit einem ganzen Lichterbaum: Gott kommt hinein, mitten in diese Welt, Gott wird Mensch – das ist die Botschaft, die uns von Hoffnung sprechen lässt. So gehen wir mit Zuversicht in das neue Jahr, weil wir einen Kurs kennen, der uns getrost und unverzagt sein lässt. »Nachfolge«, das ist ein nicht immer leicht verstehbares Wort. In der Sache geht es darum, sich Jesus als Vorbild für das eigene Leben zu wählen. Unvergleichlich ist für mich *Dietrich Bonhoeffers* Buch mit eben diesem Titel – »Nachfolge«. Bonhoeffer versteht den Ruf in die Nachfolge radikal. Es kann sein, dass solche Nachfolge trennt von den Freunden, von vielem, was eine Verbindung mit der Gesellschaft ausmacht. Es geht um Ernsthaftigkeit in unserem Leben. Ich persönlich habe das an *Martin Luther King* verstanden. Zu wissen: Es kann sein, dass du die Nachfolge mit dem Tod bezahlst – das stand ihm bewusst vor Augen. Dennoch hat er seinen Traum, sein Wissen um die Realität der Gemeinschaft in Christus über alles andere gestellt. Und Bonhoeffer hat im Gefängnis der Nazis zum Jahresende diese wunderbaren Worte gefunden: »Von guten Mächten treu und still umgeben, behütet und getröstet wunderbar, so will ich diese Tage mit euch leben und mit euch gehen in ein neues Jahr«.

Margot Käßmann

Mehr als fromme Wünsche
Was mich bewegt
Band 5852
Fußballfest und »Entlassungsproduktivität«, Krankheit, Krieg und Sommersegen. Das Leben ist eine Achterbahn von Wunsch und Wirklichkeit. Mehr als fromme Wünsche hat die bekannteste Theologin Deutschlands, Margot Käßmann.

Mütter der Bibel
20 Porträts für unsere Zeit
Band 6282
Angefangen von Eva bis zu Maria, von der späten Mutter Sara über die zurückgesetzte Lea bis zu Elisabeth zeigen die biblischen Geschichten Mütterbilder, die anregend sind für die Diskussionen unserer Zeit. Margot Käßmann erzählt von den Müttern der Bibel und verbindet die alten Geschichten mit dem modernen Leben.
Auch als Hörbuch: ISBN 978-3-451-31708-8

Meine schönsten Weihnachtsgeschichten aus aller Welt
Band 6108
Die schönsten Weihnachtsgeschichten aus aller Welt: Das Wunder der Weihnacht – es geschieht in Island ebenso wie in der Schweiz, auf Madagaskar und in Südindien.

Der Himmel öffnet uns die Tür
Meditativer Adventskalender
56 Seiten, Spiralbindung
ISBN 978-3-451-31054-6
Jeder Tag ist ein Tag der Vorbereitung, des Wartens, eine Tür, die sich öffnet hin zum großen Fest der Geburt des Gotteskindes. In diesem meditativen Kalender führt Margot Käßmann vor verschiedene Türen, die alle unser Leben mit dem Geheimnis von Weihnachten verbinden.

Neue Wege gehen
Lesezeichenkalender 2012
13 Seiten, Geblockt
ISBN 978-3-451-61038-7
Margot Käßmanns inspirierende Sentenzen und die ausdrucksstarken Bilder begleiten durch das Jahr.

In der Mitte des Lebens
160 Seiten, gebunden mit Schutzumschlag
ISBN 978-3-451-30201-5
Mit 50 ist man zu alt für faule Kompromisse. Man zieht Bilanz und fragt: was kommt jetzt noch? In ihrem Bestseller geht Margot Käßmann den Themen nach, die sich in der Mitte des Lebens stellen.
Auch als Hörbuch: ISBN 978-3-451-31976-1

In Gottes Hand gehalten
Frauengebete
220 Seiten, Flexcover mit Leseband
ISBN 978-3-451-32437-6
Margot Käßmanns Gebetbuch ist ein Wegbegleiter für Frauen und ein Bekenntnis zur Kraft des Glaubens in unserer Zeit. Mit Gebeten von und für Frauen aus aller Welt und aus der eigenen Feder Margot Käßmanns.

Gesät ist die Hoffnung
14 Begegnungen auf dem Weg nach Ostern
96 Seiten, gebunden mit Leseband
ISBN 978-3-451-32366-9
Die 14 Passionsbetrachtungen von Margot Käßmann führen mitten in unser Leben. Sie zeigen auf, wie die verschiedenen Personen der Bibel exemplarisch für uns Menschen heute stehen.

GROSSDRUCK Edition

Phil Bosmans
In dir liegt das Glück
Muntermacher für die Seele. Großdruck Edition
Band 6413
Vitamine für die Seele von Phil Bosmans: Die sympathischen und wohltuenden Texte machen Mut zu mehr Menschlichkeit im Lebensalltag, die sich auch von Rückschlägen und Enttäuschungen nicht unterkriegen lässt.

Dietrich Grönemeyer
Lebe mit Herz und Seele
Sieben Haltungen zur Lebenskunst. Großdruck Edition
Band 6375
Dietrich Grönemeyer in seinem persönlichsten Buch: Lass dich nicht einlullen. Liebe dein Leben und übernimm Verantwortung dafür. Jeder Mensch ist einzigartig. Wir sind ein Teil des Ganzen und aufeinander angewiesen. Ein Buch voller Kraft und Inspiration.

Anselm Grün
Verwandle Deine Angst
Ein Weg zu mehr Lebendigkeit – Spirituelle Impulse. Großdruck Edition
Band 6420
Ängste können wie ein hilfreiches Alarmsystem wirken. Es gibt aber auch die Angst vor der Angst, die einen einschließt wie in einem Gefängnis. Sie verhindert ein Leben in Fülle. Von solcher Angst frei zu werden ist ein wichtiges Ziel. Anselm Grün geht es um spirituelle Wege: mit seiner Angst ins Gespräch zu kommen, sein Herz aus der Enge zu befreien und neuen Mut zu schöpfen.

Tania Konnerth

Ich schenk mir heute Blumen

Die Kunst, sich selbst zu mögen. Großdruck Edition

Band 6376

Sind wir immer so nett zu uns selbst, wie wir es verdient hätten? Bestsellerautorin Tania Konnerth zeigt, wie man sich selbst der beste Freund wird. Das hebt nicht nur die Laune – es macht das Leben auch leichter und erfolgreicher.

Anthony de Mello

Eine Minute Weisheit

Großdruck Edition

Band 6366

»Es kann ein Leben lang dauern, bis die Augen geöffnet sind. Oft genügt jedoch ein Blitz, um zu sehen.« In kurzen Geschichten und pointierten Erzählungen versammelt Anthony de Mello die Weisheit der Welt. Es sind überraschende Texte, die hellhörig machen für das Wesentliche, für Glück und Gelassenheit.

Henning Scherf

Grau ist bunt

Was im Alter möglich ist. Großdruck Edition

Band 6374

Henning Scherf stellt sein eigenes Altersbild der großen Angst vor einer immer älter werdenden Gesellschaft entgegen. In seiner Alters-WG, praktiziert er selbst eine alternative Lebensform. Sein ebenso persönliches wie politisches Buch bringt die Chancen des Älterwerdens auf faszinierende Weise in den Blick.

Notker Wolf

Gönn dir Zeit. Es ist dein Leben

Großdruck Edition

Band 6421

Auch er kann nicht aussteigen aus dem Tempo der Welt. Aber er hat Zeit. Notker Wolf, als Abtprimas des weltweiten Benediktinerordens, ist gefordert wie jeder Spitzenmanager. Doch wer ihm begegnet, ist überrascht: von seiner Präsenz, von seiner Leidenschaft, den Moment zu leben. Was gibt ihm die Kraft? Hier ist die Antwort: Ein Buch der Lebenskunst, der Lebensfreude und der Spiritualität.